W0066277

DAS
7-TAGE
SELBST
COACHING

amelie fried
michael simperl

DAS
7-TAGE
SELBST
COACHING

....

für alle, die lust
auf veränderung haben

ARISTON

»Mehr als die Vergangenheit interessiert mich die Zukunft, denn in ihr gedenke ich zu leben.«

Albert Einstein

Dieses Buch gehört :

....

(Name oder Kürzel)

Wenn Sie dieses Buch finden, kontaktieren Sie bitte:

E-Mail: ....

Handy: ....

Dem ehrlichen Finder winkt ein Finderlohn von .... Euro.

Haftungsausschluss
Die Ratschläge in diesem Buch sind sorgfältig erwogen und geprüft. Sie bieten jedoch keinen Ersatz für
kompetenten medizinischen und psychologischen Rat. Alle Angaben in diesem Buch erfolgen daher ohne
jegliche Gewährleistung oder Garantie seitens des Autors und des Verlages. Eine Haftung des Autors bzw.
des Verlages und seiner Beauftragten für Personen-, Sach- und Vermögensschäden ist ausgeschlossen.

Dieses Buch hätten wir am liebsten in einer gendergerechten Sprache geschrieben, aber leider würde sie
dazu führen, dass die Texte schwerer lesbar oder unnötig lang werden. Stellvertretend für alle Geschlechter
verwenden wir daher in diesem Buch in der Regel die männliche Schreibweise.

Sollte diese Publikation Links auf Webseiten Dritter enthalten, so übernehmen wir für deren Inhalte keine Haftung,
da wir uns diese nicht zu eigen machen, sondern lediglich auf deren Stand zum Zeitpunkt der Erstveröffentlichung
verweisen.

Bibliografische Information der Deutschen Bibliothek

Die Deutsche Bibliothek verzeichnet diese Publikation in der Deutschen Nationalbibliografie;
detaillierte bibliografische Daten sind im Internet unter www.dnb.de abrufbar.

Penguin Random House Verlagsgruppe FSC® N001967

© 2021 Ariston Verlag in der Penguin Random House Verlagsgruppe GmbH,
Neumarkter Straße 28, 81673 München
Alle Rechte vorbehalten

Redaktion: Evelyn Boos-Körner
Umschlaggestaltung, Satz und Layout: Eisele Grafik·Design, München
Illustrationen: Isabel Klett, Barcelona
Fotos: Raimund Verspohl, München
Druck und Bindung: Alföldi, Debrecen

Printed in Hungary

ISBN: 978-3-424-20245-8

Inhalt

Coachingtage und Storys

Ergebnisse und Aktionsplan

Die 8 wichtigsten Punkte zu

1. Dieses Buch ermöglicht Ihnen ein Selbstcoaching hinsichtlich eines für Sie wesentlichen Zieles, ob privat oder beruflich.

2. Coaching ist hier in seiner professionellen und seriösen Form gemeint: als unterstützende Begleitung, die vor allem auf Fragen zur Selbstreflexion basiert.

3. Ihr Coaching verteilt sich auf 7 Coachingtage bei einem täglichen Zeitaufwand von etwa 1 bis 2 Stunden. Diese Tage können Sie unmittelbar hintereinander absolvieren oder mit mehrtägigen Pausen dazwischen.

4. Um mit diesem Buch zu arbeiten, benötigen Sie lediglich einen guten Kugelschreiber und einen Platz, an dem Sie sich ruhig und entspannt aufhalten können.

5. Durch Ihre Bearbeitungen wird dieses Buch in kurzer Zeit nicht nur sehr persönlich, sondern kann auch einen hohen Wert für Sie entwickeln – unter Umständen weit über Ihr Coaching hinaus.

6. **Wichtig:**
Dieses Buch eignet sich nicht für das Klären oder gar Heilen ernsthafter psychischer Probleme oder Krankheiten. In diesem Fall nehmen Sie bitte umgehend ärztliche Hilfe in Anspruch. Dies gilt auch, wenn Sie beim Bearbeiten merken, dass Sie an die Grenzen Ihrer persönlichen psychischen Belastbarkeit kommen.

7. Aus Gründen der Seriosität weisen wir darauf hin, dass es keinerlei Erfolgsgarantie gibt. Es kann sein, dass Sie Ihr Ziel nur teilweise erreichen oder die Dinge sich im Lauf der Zeit in eine andere Richtung entwickeln. Beides kann jedoch ebenso in Ordnung sein – oder vielleicht sogar ein noch besserer Weg.

8. Damit dieses Buch auch ein spannendes Leseerlebnis für Sie wird, enthält es zusätzlich zum eigentlichen Selbstcoaching-Programm einige Texte, Geschichten und Reflexionen, die auf die eine oder andere Weise etwas mit Coaching zu tun haben. Sie sind zur Auflockerung zwischen den Coachingtagen »eingestreut«. Ob und wann Sie diese lesen, bleibt Ihnen überlassen.

Last but not least:

Ihr Selbstcoaching mit diesem Buch soll ein ebenso positives wie aktives Erlebnis sein. Ganz bewusst fokussieren wir deshalb in allen Kapiteln auf konkretes Handeln und Tun, immer wieder auch in Form ungewöhnlicher Fragen und Aufgaben. Das kann durchaus herausfordernd sein, wird Ihnen aber mit großer Wahrscheinlichkeit Spaß machen und eine Menge bringen!

Über die Begriffe Coach und Coaching

Woran denken Sie beim Wort »Coaching«? Dass Sie dieses Buch gerade in der Hand halten, dürfte bedeuten, dass Sie zumindest offen und neugierig darauf sind, was sich hinter dem Begriff »Coaching« verbirgt.

Heutzutage werden die unterschiedlichsten Vorstellungen damit verbunden und es gibt eine Menge Angebote, die mit der Bezeichnung Coaching operieren. Viele davon (wir behaupten: sehr viele) haben mit professionellem Coaching jedoch wenig bis gar nichts zu tun. Auch wenn es in diesem Buch um Selbstcoaching geht – also Coaching ohne einen realen Coach –, möchten wir Sie an dieser Stelle vorab zu einem kleinen Exkurs darüber einladen, was wir unter seriösem Coaching verstehen (und was nicht).

Seriöses und professionelles Coaching, so wie es hier gemeint ist, beruht vorrangig auf intensiver Selbstreflexion des Klienten – angeregt und stimuliert durch entsprechende Fragen und Tools, die der Coach anwendet (was im übertragenen Sinne auch dieses Buch tut).

Mit anderen Worten: Der Coach sagt Ihnen bewusst nicht, wie es geht – sonst wäre er ein Berater. Sondern er lockt mittels bestimmter Techniken Ihr eigenes inneres »Lösungswissen« hervor, schafft den Raum und die Stimulation, durch die Sie selbst auf neue, hilfreiche, oft auch mutige Gedanken und Perspektiven kommen. Auf diesem Wege der unterstützenden Begleitung erschließt Coaching eine Ressource, die bis heute völlig unterschätzt wird, aber gleichzeitig mitunter die besten Impulse und Lösungen gebiert: das eigene Selbst.

Das heißt auch: Beim Coaching machen Sie die Arbeit. Weshalb Sie sich in einer echten Coachingsitzung oder beim, mit diesem Buch angeleiteten, Selbstcoaching auch nicht berieseln lassen können, sondern permanent selbst aktiv sind. Übrigens eine Tatsache, die den Coach-Beruf vor allem für Selbstdarsteller und Vielrednerinnen eher ungeeignet macht, da man weder permanent mit eigener Genialität brillieren noch ständig die Sendetaste gedrückt halten kann. Sondern sich vielmehr durch Interesse, Sensibilität und die Kunst des aktiven Zuhörens auszeichnen sollte.

Trotzdem ist es manchmal auch im Coaching in Ordnung, einen Rat zu geben, wenn Klienten dies ausdrücklich wünschen, und wenn der Coach dies als Ausnahme zulässt – dabei aber klar kenntlich macht, nun als Berater und nicht als Coach zu sprechen. Und dabei zum jeweiligen Thema auch kompetent ist.

Ebenfalls wichtig für ein echtes und professionelles Coaching: Hier geht es immer und einzig um Ihr Ziel, also um das, was Sie wirklich wollen – also: was *Sie* wirklich wollen (statt andere), was Sie *wirklich* wollen (statt was Sie glauben, was Sie wollen sollten) und was Sie wirklich *wollen* (statt was Sie glauben zu »müssen«).

Es ist also kein Coaching, wenn andere von vornherein – und ohne mit Ihnen darüber zu sprechen – Ihr »Ziel« vorgeben (»Ich coach dich zur Top-Rednerin!«) oder absurde Zielvorgaben unwidersprochen stehen lassen (»Coachen Sie mich mal so, dass mein Mann endlich ordentlich wird«).

Ein weiteres Erkennungszeichen von echtem Coaching ist die Art und Weise, in der sich der Prozess vollzieht. Ein professioneller Coach wird sich Ihnen gegenüber immer wertschätzend und empathisch sowie auf positive Weise fordernd verhalten – eine besondere innere Haltung, die von den meisten angehenden Coaches über einen längeren Zeitraum entwickelt werden muss. Weil sie (wie die meisten Menschen) zuerst verstehen und begreifen müssen, wie Wertschätzung wirklich geht, was Empathie tatsächlich bedeutet und wie man Menschen auf positive Weise fordern kann, ohne sie anzugreifen oder gar zu verletzen. Eine weitere grundlegende Eigenschaft von Coaches ist, dass sie auf positive Weise neugierig sind und sich wirklich für Sie interessieren – denn nur diese Eigenschaft verleiht den nötigen Drive und vor allem die Ausdauer, um Schritt für Schritt und Schicht für Schicht gemeinsam mit Ihnen Ihr Anliegen zu erkunden, bis Sie auf die wesentlichen Punkte stoßen. Echte und professionelle Coaches werden Ihnen auf keinen Fall »endgültige« Analysen und Lösungen vorsetzen, sondern eigene Sichtweisen und Interpretationen – wenn überhaupt – als anregende oder auch mal bewusst provozierende Fragen formulieren, über die Sie gemeinsam reflektieren können (»Wenn ich Sie so erzählen höre, habe ich den Eindruck, es könnte um das Thema Grenzen setzen gehen. Wie klingt das für Sie?«). All dem können Sie dabei zustimmen oder es als unzutreffend von sich weisen.

Es gäbe noch viel mehr über Coaching zu sagen, aber am besten machen Sie Ihre persönliche erste Coachingerfahrung mit unserem Programm einfach selbst. Durch diese kleine Ausführung wollten wir Ihnen eine für uns besonders wichtige Botschaft nahebringen: was Coaching wirklich ist und was nicht. Warum sich diese Form der unterstützenden Begleitung gleich auf so vielfache Weise auszeichnet. Und dass wir sie deshalb für dieses Buch gewählt haben.

Herzlich willkommen ...

... zum 7-Tage-Selbstcoaching – wir freuen uns, dass Sie dabei sind! Sicher sind Sie neugierig, was sich hinter diesem Begriff genauer verbirgt und welchen Nutzen unser Programm für Sie haben könnte. Beides erfahren Sie in dieser Einführung. Nebenbei finden Sie noch weitere wesentliche Informationen darüber, was Coaching ist und wie Sie mit diesem Buch konkret arbeiten werden.

Coaching:
Das eigene innere Wissen erschließen

Wie Sie schon aus dem vorherigen Kapitel wissen: Wenn wir in diesem Buch von Coaching sprechen, meinen wir das allgemein anerkannte, professionelle und verantwortungsvolle Coaching, wie es von Branchenverbänden wie dem Deutschen Verband für Coaching und Training (dvct) oder der International Coach Federation (ICF) definiert wird und das weder Therapie noch klassische Beratung darstellt. Weshalb Ihnen ein »echter« Coach eben nicht einfach sagt, was Sie tun sollen. Auch wenn sich das viele Klienten wünschen. Stattdessen unterstützt er Sie dabei, dass Sie aus sich selbst heraus neue und gute Ideen, Sichtweisen und Lösungen erarbeiten – immer im Hinblick auf ein konkretes Ziel, das Sie zuvor festgelegt haben. Ein Ziel, das richtig Zug hat, das Sie unbedingt erreichen möchten und das Sie daher stark motiviert.

Das bedeutet, dass im Coaching Sie der Experte für Ihr Thema sind. Der Coach hingegen ist vor allem für den Prozess verantwortlich – also dafür, dass das Coaching zielführend ist und dabei so gut wie möglich Ihr eigenes inneres »Lösungswissen« stimuliert. Davon besitzen wir nämlich, wie sich immer wieder zeigt, viel mehr, als wir glauben.

Dieser Ansatz bietet sich vor allem dann an, wenn Sie mit Lösungen von der Stange oder allgemeinen Ratschlägen nicht so recht weiterkommen. Oder wenn Sie sich in einer Situation befinden, in der vieles plötzlich neu und anders ist. Zum Beispiel, wenn Sie nach der Babypause in den Job zurückkehren oder zum ersten Mal Verantwortung für ein Team haben.

Von der Problem-
zur Lösungsorientierung

Ein weiteres Kennzeichen von Coaching ist, dass mögliche Lösungen im Fokus stehen und nicht die ausführliche Konzentration auf das Problem oder wie dieses entstanden ist. Und

das in einer vom Coach geschaffenen besonderen Atmosphäre, die hilft, den Blick zu erweitern und die Perspektive zu verändern. Dadurch können Ideen auftauchen, auf die Sie allein nicht gekommen wären. Oder Möglichkeiten, die Sie gar nicht erst in Erwägung gezogen hätten.

Das Coaching ist abgeschlossen, wenn der Klient mit Unterstützung des Coaches die Lösung für sein Problem oder Anliegen gefunden hat.

Das Tolle daran: Eine solche selbst erarbeitete Lösung ist meist viel nachhaltiger als der Ratschlag eines anderen, und sei er noch so kompetent oder gut gemeint. Weil alles, was aus uns selbst kommt, in der Regel viel besser passt – zu unserer individuellen Situation, aber auch zu unserer Persönlichkeit. Und weil wir ganz anders motiviert sind, das, was wir auf diese Weise erarbeitet haben, in die Tat umzusetzen.

Es ist also der Klient, der die Arbeit macht – unterstützt vom Coach, der ihn mit hilfreichen, manchmal auch herausfordernden Fragen anregt. Doch nicht immer steht gerade ein »echter« Coach zur Verfügung, wenn Sie konkret etwas dafür tun möchten, Ihr Leben zu verbessern. Und endlich mal Zeit hätten und einen freien Kopf. Und sei es nur für eine Stunde am Tag.

Eigene Ideen entwickeln – und ins Tun kommen

Genau dafür ist dieses Buch gedacht – als Arbeitsbuch für ein Selbstcoaching ohne Druck, verteilt auf 7 Tage (mit einem täglichen Arbeitsaufwand von circa 1 bis 2 Stunden), das Sie zum Beispiel auch zu Hause auf dem Sofa oder gar im Liegestuhl durcharbeiten können.

Ob binnen einer Woche am Stück oder mit kleinen Pausen. Zusätzlich ist dieses Buch so angelegt, dass Sie alle neuen Erkenntnisse, Ideen und Lösungen im Anschluss möglichst gut praktisch umsetzen können. Denn es kommt bei Veränderungen ja vor allem darauf an, ins Tun zu kommen.

Klar: Das Arbeiten mit einem realen Coach kann dieses Buch nicht ersetzen. Wir sind aber zuversichtlich, dass Sie auch auf diese Weise viel Wertvolles für sich gewinnen werden. Es ist ein bisschen so, als würden Sie bei einem guten Restaurant ein Menü zum Mitnehmen bestellen: Gegenüber einem festlichen Dinner im Lokal mit allem Drum und Dran wird so ein Abendessen, zu Hause aufgetischt, natürlich zurückfallen. Trotzdem wird es noch immer ein genussvolles Erlebnis sein, das Ihnen auf jeden Fall Freude bereitet.

Was benötigen Sie für Ihr Selbstcoaching?

Alles, was Sie jetzt noch brauchen, um mit diesem Buch loslegen zu können, ist der Wunsch nach einer konkreten Veränderung in Ihrem Leben. Und die Bereitschaft, dafür etwas zu tun: anhand bestimmter Fragen in sich hineinzuhören, ehrlich zu sich zu sein, offen zu sein für bisweilen etwas ungewöhnliche Aufgaben – und sich auch mal von sich selbst überraschen zu lassen.

Technische Hilfsmittel sind übrigens dafür nicht erforderlich – weder Computer noch Internet. Lediglich Ihr Smartphone kann an einigen Stellen hilfreich sein, vor allem wenn es eine Funktion für Sprachaufnahmen besitzt und Sie Ihren Kalender darauf verfügbar haben (ist aber kein Muss). Ansonsten genügt ein Stift, mit dem Sie gern schreiben, egal ob Bleistift, Kuli oder Füller (am vierten Coachingtag sollten Sie sich bitte zusätzlich etwas Papier und einen dickeren Stift zurechtlegen). Und schon sind Sie bereit für das Abenteuer Selbstcoaching.

Was haben Sie von Ihrem Selbstcoaching?

Was wir Ihnen schon jetzt versprechen können: Wenn Sie dieses Buch durchgearbeitet haben, verfügen Sie über ein von Ihnen geschaffenes, sehr persönliches Werk, das Ihre gewünschte Veränderung nachhaltig unterstützen und spürbar beschleunigen kann. Und für die Zukunft stellt es ein wichtiges Werkzeug dar, auf das Sie immer wieder zurückgreifen können. Zum Beispiel, wenn Sie später einen weiteren Schritt gehen möchten. Damit wird dieses Buch schon bald einen hohen persönlichen Wert für Sie besitzen. Überlegen Sie am besten jetzt schon, wo Sie es zwischen dem Bearbeiten der einzelnen Coachingtage sicher aufbewahren.

»Sobald der Geist auf ein Ziel gerichtet ist, kommt ihm vieles entgegen.«

Johann Wolfgang von Goethe

Coachingtage und Storys

COACHINGTAG 1

Ihr ANLIEGEN und die erste ZIEL-DEFINITION

Was will ich eigentlich?

- Worum geht es Ihnen?
- Ist-Zustand
- Ihr Ziel (erstes Entwickeln und Prüfen)

Wir führen Sie nun Schritt für Schritt durch Ihren ganz persönlichen Selbstcoaching-Prozess.

»Es ist nicht zu wenig Zeit, die wir haben, sondern es ist zu viel Zeit, die wir nicht nutzen.«

Seneca

Bleiben Sie ganz entspannt, Sie können nichts falsch machen! Allein, dass Sie sich auf dieses Buch einlassen, ist schon ein erster Erfolg. Versuchen Sie, offen, neugierig und ehrlich zu sein. Betrachten Sie die Beschäftigung mit diesem Buch als Chance, etwas Neues über sich zu erfahren.

Coaching bedeutet, den eigenen Blick zu weiten, bewusst neue und ungewöhnliche Perspektiven und Sichtweisen zuzulassen und sich mit ihnen zu beschäftigen.

Sehen Sie Ihren Weg durch das Buch wie einen Ausflug in eine Ihnen unbekannte Landschaft – durchaus verbunden mit der einen oder anderen Beschwerlichkeit, aber auch voller Chancen auf interessante Entdeckungen, die Sie weiterbringen werden. Und über die Sie sich freuen können.

Vorab: Aufbewahrungsplatz bestimmen!

Bevor es mit dem Selbstcoaching losgeht, erwartet Sie eine organisatorische Aufgabe: Finden Sie jetzt einen Platz, an dem Sie dieses Buch für den Zeitraum Ihres Selbstcoachings sicher aufbewahren. Denn schon bald wird es einige recht persönliche Dinge über Sie enthalten, die vielleicht nicht unbedingt jeder lesen sollte. Zudem ist es angenehm, wenn Sie Ihr Buch nicht erst lange suchen müssen, sondern immer nur an die gleiche Stelle zu greifen brauchen, um weitermachen zu können.

Bestimmen Sie bitte jetzt einen passenden Ort, bevor Sie weiterlesen.

WIE FUNKTIONIERT'S?

Anliegen

Ab heute werden Sie zuerst Ihr Anliegen bestimmen – das Thema, mit dem Sie sich unter Zuhilfenahme dieses Buches befassen wollen.

Im nächsten Schritt formulieren Sie dazu Ihr konkretes Ziel, also was Sie genau und konkret Positives erreichen wollen – das Fundament eines jeden Coachingprozesses. Im weiteren Verlauf arbeiten Sie dann intensiv an der Frage, wie Sie Ihr Ziel erreichen können: Welche Ressourcen stehen Ihnen bereits zur Verfügung? Was sind wesentliche Hindernisse und was können Sie zu ihrer Überwindung tun? Welche Hebel haben Sie in der Hand, um aktiv Ihrem Ziel näher zu kommen?

Ziel

Unterstützer-team

Nebenbei stellen Sie sich Schritt für Schritt ein »persönliches Unterstützer-team« zusammen, das Sie in Gedanken regelmäßig befragen können (wie das genau funktioniert, verraten wir Ihnen später). Außerdem sammeln Sie immer wieder wichtige neue Erkenntnisse und werden sogar ein wenig feiern.

Zu guter Letzt erstellen Sie einen Aktionsplan. Er wird Ihnen helfen, im Anschluss das in die Tat umzusetzen, was Sie mit diesem Buch an Ideen und konkreten Maßnahmen erarbeitet haben.

Aktionsplan

Der erste Schritt:
Was ist Ihr Anliegen?

Was hat Sie bewogen, nach diesem Buch zu greifen?
Irgendein Thema beschäftigt Sie, sei es ein Problem oder auch eine
Sehnsucht, die sich immer wieder meldet. Was ist es?

Kommt das Anliegen aus dem beruflichen oder persönlichen Bereich?
Betrifft es nur Sie oder sind andere Personen einbezogen?
Wenn ja, welche?
Handelt es sich um ...
• ein Verhalten, das Sie gerne verändern würden?
• einen inneren oder äußeren Konflikt?
• eine Entscheidung, die ansteht?
• den Wunsch, im Leben einen größeren
  Wachstumsschritt zu machen?

Klären Sie Ihr Anliegen, und schon können Sie den ersten Eintrag in Ihr Buch
tätigen – etwas, das Sie heute und an allen weiteren Coachingtagen immer
wieder machen werden. Und wovon Ihr Selbstcoaching maßgeblich lebt.

Bitte notieren Sie hier Ihr Anliegen in einigen Stichworten:

Nachdem Sie auf diese Weise Ihr Anliegen – und damit das Thema
für Ihr Coaching – bestimmt haben, schreiben Sie nun auf, wie
diesbezüglich der jetzige Zustand ist (also nicht, wie die Dinge aus
Ihrer Sicht sein sollten, sondern wie sie aktuell sind):

Wie lange beschäftigt Sie dieses Thema schon?

**Wenn Sie an Ihr Thema denken: Was spüren Sie in Ihrem Körper?
Beschreiben Sie es genau.**

**Falls Sie schon mal einen Versuch gemacht haben,
bei Ihrem Thema weiterzukommen:
Auf welche Weise haben Sie das getan –
und mit welchen Ergebnissen?**

Wenn Sie das Thema gefunden haben, dem Sie dieses Buch widmen wollen, dürfen Sie sich selbst auf die Schulter klopfen. Eine erste große Leistung haben Sie damit nämlich schon vollbracht: Sie konnten sich eingestehen, dass etwas an Ihrer Situation beziehungsweise in Ihrem Leben verbesserungsfähig ist, dass es noch Luft nach oben gibt. Diese Ehrlichkeit sich selbst gegenüber fällt vielen Menschen schwer. Wir alle stehen ja unter enormem Druck, sollen ständig möglichst reibungslos funktionieren und dabei auch noch gut drauf sein.

Für Schwächen oder Probleme ist da kein Platz. Wir leben in einer Kultur des schönen Scheins, in der mangelnde Perfektion oder gar Scheitern nicht vorgesehen sind. Dabei wäre es so entspannend, wenn wir offener über das sprechen könnten, was vielleicht gerade nicht so gut läuft oder wo wir noch besser werden wollen. Und uns selbst als jemanden begreifen dürften, der ständig Entwicklung und Nachreifung erlebt, der klüger und kompetenter wird, wenn wir (und die anderen) uns die Zeit dafür lassen.

Bei Ihrem Anliegen dreht es sich gar nicht um ein Problem, sondern um einen lang gehegten Traum, eine packende Vision – zum Beispiel, ein Buch zu schreiben oder sich selbstständig zu machen?

Auch das ist an dieser Stelle schon ein High five mit sich selbst wert: dafür, dass Sie es, vielleicht zum ersten Mal, konkret aufgeschrieben haben, was der erste Schritt sein kann, die Sache nun endlich anzugehen.

IHR ZIEL

Jetzt richten Sie Ihren Blick bitte vom Ist-Zustand auf den Soll-Zustand. Schließlich wollen Sie ja etwas verändern! Und dafür brauchen Sie vor allem eins: ein klar formuliertes Ziel, das sowohl Ihren Verstand als auch – und vor allem – Ihren Bauch überzeugt. Weil wir nur loslegen können, wenn wir wissen, wohin die Reise gehen soll.

Bei der Frage nach dem Ziel ihrer Klientinnen und Klienten erhalten Coaches häufig Antworten wie: »Mein Ziel ist, dass mein Mann mehr Verständnis für mich hat und mir besser zuhört.« Oder: »Meine Chefin soll mir endlich das Gehalt zahlen, das ich wert bin.«

Hm. In diesem Fall wäre es super, wenn wir als Coaches Fernbedienungen verteilen könnten, die auf den Ehemann oder die Chefin programmiert sind und sein beziehungsweise ihr Verhalten verändern. Leider gibt es diese Fernbedienungen nicht.

Was wir verändern können, ist nur unser eigenes Verhalten. Oder unsere Einstellung zum Verhalten anderer.

Coachingziele müssen deshalb immer mit Fokus auf unsere eigene Person sowie unser eigenes Leben und Erleben formuliert sein. In diesem Fall zum Beispiel: »Ich kann meinem Mann ebenso eindeutig wie liebevoll vermitteln, was ich mir von ihm wünsche.« Oder: »Ich habe Klarheit, wie ich zu einem für mich aussichtsreichen Gehaltsgespräch beitragen kann.«
So bleiben Sie die ganze Zeit in Ihrem eigenen Einflussbereich. Und nur hier können Sie etwas ändern.

Ebenso wichtig ist, dass Ihr Ziel möglichst konkret ist. Wer einfach nur sagt: »Ich will mehr Freizeit haben«, wird vermutlich kaum weiterkommen – weil nicht klar ist, wie viel mehr Freizeit es denn sein soll. Auch eine Minute mehr pro Monat ist ja schon »mehr«, macht aber vermutlich noch keinen Unterschied.

Klar: Nicht jedes Ziel kann alle Kriterien vollständig erfüllen. Entscheidend ist, dass es in Ihrem Einflussbereich liegt, es zu erreichen. Deshalb sind Wünsche, die sich auf andere beziehen, zum Beispiel »Mein Partner raucht nicht mehr« oder »Meine Frau ist glücklich in ihrem Beruf«, keine realistischen Ziele.

Überflüssig zu sagen, dass Ihr Ziel natürlich niemandem schaden sollte, also zum Beispiel nicht mit einer enormen Umweltbelastung oder anderen negativen Auswirkungen auf Ihre Mitmenschen verbunden sein sollte. Falls Sie die Gründung einer Firma für Einweg-Plastikprodukte erwägen oder wenn Ihr Coachingziel aus unserer Sicht Ihre Ehe gefährden könnte, würden wir das sicherlich hinterfragen.

Überprüfen Sie bitte Ihr Ziel, das Sie jetzt im Kopf haben, nach den hier genannten Kriterien und passen Sie es entsprechend an. Idealerweise gelingt Ihnen mit wenigen Worten ein prägnanter Zielsatz, der sich richtig gut anfühlt und Sie positiv bewegt. Oder für heute zumindest eine erste Version davon (die endgültige Version Ihres Zieles werden Sie erst am Coachingtag 2 – nach nochmaliger Überprüfung – festlegen).

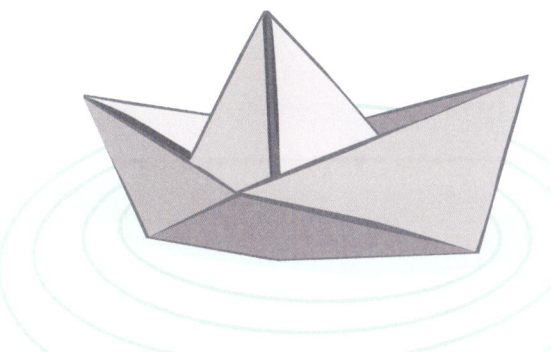

Wie formuliere ich mein Ziel am besten?

Wichtig ist, dass Sie Ihr Ziel in der Gegenwartsform formulieren – das schafft eine andere Energie.

Nicht:
»Ich will ab Januar drei Abende mit meiner Familie verbringen.«

Sondern:
»Ich verbringe ab Januar drei Abende pro Woche mit meiner Familie.«

Nicht:
»Ich will ebenso angemessen wie klar Grenzen ziehen.«

Sondern:
»Ich ziehe ebenso angemessen wie klar Grenzen.«

Ein vermeintlich kleiner Unterschied in der Sprache, der jedoch einen ganz anderen Fokus setzt. Denn beim reinen »Wollen« Ihres Zieles sind Sie ja schon erfolgreich, sonst hielten Sie nicht dieses Buch in den Händen.

Dieses Ziel haben Sie also schon erreicht!

Last but not least empfiehlt es sich, dass Sie Ihr Ziel immer positiv formulieren – dass also klar gesagt wird, wie es sein soll. Und nicht, wie Sie es nicht möchten. Weil auch hier ein Satz wie »Ich bin beim morgigen Meeting wach und präsent« eine ganz andere Kraft hat als eine Formulierung à la »Ich bin beim morgigen Meeting nicht mehr so unkonzentriert«.

WAS IST EIN »GUTES« COACHINGZIEL?

Wie diese Beispiele zeigen: In einem Coachingziel steckt einiges drin. Deswegen steigen wir an dieser Stelle noch ein klein wenig tiefer ein: Idealerweise erfüllt ein gutes Ziel die sogenannten SMART-Kriterien. Ihre Erfindung wird dem berühmten Managementforscher Peter Drucker (1909–2005) zugeschrieben. Sie bedeuten, Ihr Ziel ist:

Spezifisch **S**	Das heißt: Es ist eindeutig formuliert (also nicht: »Ich bin mehr bei meiner Familie«/»Ich kann mich besser behaupten«, sondern: »Ab Januar verbringe ich drei Abende pro Woche mit meiner Familie«/»Auch bei herausfordernden Gesprächspartnern bin ich in der Lage, ebenso angemessen wie klar Grenzen zu ziehen«).
Messbar **M**	Das heißt: Sie können jederzeit prüfen und Erfolgskontrolle betreiben, ob Sie drei Abende pro Woche bei Ihrer Familie sind/ob Sie bei herausfordernden Gesprächspartnern (gefühlt) sowohl angemessen als auch klar Grenzen gezogen haben (das heißt die Grenze war berechtigt, Sie haben den Vorfall sachlich und ohne Drama klar angesprochen).

Akzeptiert und attraktiv **A**	Das Ziel weckt positive Emotionen! Es gefällt Ihnen spürbar, erzeugt vielleicht sogar eine gewisse stille Begeisterung (erkennbar am entsprechenden Bauchgefühl). Dieser Gefühlsaspekt ist deshalb so wichtig, weil er ein Indikator ist, dass Ihr Ziel auch mit wesentlichen Werten und Bedürfnissen von Ihnen übereinstimmt. Das bewahrt Sie davor, sich Ziele zu setzen, die Sie in Wahrheit kaltlassen oder gar einen inneren Wertekonflikt hervorrufen.
Realistisch **R**	Das heißt: Das Erreichen Ihres Zieles liegt in Ihrer Macht (Sie sehen sich zumindest theoretisch in der Lage, Ihren Job so zu organisieren, dass Sie drei Abende in der Woche bei Ihren Lieben sein können/Sie leben in einer Welt, in der angemessenes und klares Setzen von Grenzen ein akzeptierter Teil des gegenseitigen Umgangs ist).
Terminierbar **T**	Beim Beispiel »Zeit mit der Familie« könnte da stehen: ab Januar.

35

Übrigens

Sehr viele Ziele beginnen mit dem Wort »ich«, wie Sie wahrscheinlich schon gemerkt haben (»Ich bin«, »Ich habe«, »Ich weiß« etc.). Denn Sie sind es ja, die etwas erreichen wollen.

Mein Ziel

Wie lautet Ihre erste Idee für eine Zielformulierung?

Was am Erreichen Ihres Zieles ist Ihnen besonders wichtig?

Überlegen Sie jetzt noch einmal gründlich: Ist es wirklich das, was Sie erreichen wollen? Oder denken Sie, dass andere es von Ihnen erwarten? Wer sind diese anderen? Wollen Sie deren Erwartungen erfüllen?
Was passiert, wenn Sie es nicht tun?

Passen Sie Ihr Ziel nach dem Beantworten dieser Fragen gegebenenfalls nochmals an, sodass es wirklich Ihr Ziel ist und sich eindeutig positiv anfühlt.

Schreiben Sie hier Ihren Zielsatz noch mal auf – entweder in den gleichen Worten wie zuvor oder in einer zweiten, treffenderen Version:

Wo stehen Sie?

Jetzt geht es darum, noch genauer herauszufinden, wie nah Sie Ihrem Ziel schon gekommen sind. Denn erstaunlicherweise haben viele Menschen einen Teil des Weges schon hinter sich (was ihnen allerdings meist nicht bewusst ist). Hierzu sehen Sie eine Skala von 0 bis 10. 0 bedeutet so viel wie »Ziel noch kein bisschen erreicht«, 10 bedeutet »so nah am Ziel wie überhaupt möglich«.

Bitte markieren Sie auf dieser Skala, wo Sie im Hinblick auf das Erreichen Ihres Zieles – mit der 10 als theoretischem Top-Wert – im Moment gefühlt stehen. Schreiben Sie dann das heutige Datum darunter.

1	2	3	4	5	6	7	8	9	10

Datum:

Und dann beantworten Sie bitte die folgenden Fragen (die Sie sich gerne auch zuerst einmal laut vorlesen können, wenn Sie niemanden stören):

Was macht die Zahl aus, auf der Sie aktuell stehen?

Wie sind Sie da hingekommen?
Was haben Sie konkret dafür getan?

Waren Sie schon mal weiter oben auf der Skala?
Wenn ja: Was war da anders?

**Was wäre anders, wenn Sie jetzt schon zwei Skalenstriche
weiter wären (zum Beispiel auf der 7 statt auf der 5)?**

Was haben Sie bisher im Hinblick auf Ihr Ziel erfahren?
Was ist überraschend für Sie? Hält Ihre Zielformulierung stand?
Wenn nicht, gehen Sie ruhig noch einmal zurück und überprüfen
Sie Ihren Zielsatz von Neuem – Nachbessern ist ausdrücklich erlaubt.
Falls sich Ihr Zielsatz nochmals geändert haben sollte, schreiben
Sie ihn bitte nachfolgend in der jetzigen Version auf.

Mein nochmals angepasstes Ziel lautet:

Liebe Leserin, lieber Leser, herzlichen Glückwunsch!

Sie haben heute nicht nur Ihre Zielformulierung gefunden – zumindest eine erste Version davon –, sondern bereits ein wenig damit gearbeitet. Damit haben Sie nicht nur die Aufgabe des ersten Tages erfüllt, sondern die wesentliche Grundlage für Ihr Coaching geschaffen. Deponieren Sie jetzt Ihr Buch an dem von Ihnen bestimmten Ort. Genießen Sie dann den Rest Ihrer heutigen Zeit. Sie können sich gern zwischendurch an Ihr Ziel erinnern und den Gedanken daran auf sich wirken lassen. Wie fühlt es sich an? Nehmen Sie das Gefühl mit in die Zeit bis zu Ihrem zweiten Coachingtag.

AN LAMPENFIEBER STIRBT MAN NICHT

Amelie Fried

Wenn ich etwas in meinem Leben nicht angestrebt habe, so ist es eine Fernsehkarriere. Als junge Frau war ich so schüchtern, dass ich mich kaum traute, ein volles Lokal zu durchqueren. Beim Blick in den Spiegel bemerkte ich nur Defizite, und an der Uni gab es für mich nichts Schlimmeres, als vor einer Gruppe von Kommilitonen zu referieren.

Dass ich trotzdem beim Fernsehen landete (und dort über 30 Jahre lang ziemlich erfolgreich war), ist eigentlich unglaublich. Und, wie so vieles im Leben, dem Zufall geschuldet. Der kam in Gestalt des Schauspielers Udo Wachtveitl zu mir, der mich 1983 auf einer Party fragte, ob ich ihn zu einem Casting beim Bayerischen Rundfunk begleiten wolle. Mit großen Augen fragte ich: »Was ist denn das, ein Casting?« Udo erklärte mir, der Sender suche Moderatoren für eine Jugendsendung im Fernsehen. Er wolle sich dort bewerben.

Ich begleitete also Udo zum Bayerischen Rundfunk und sah meine Aufgabe darin, ihn durch meine Anwesenheit und gelegentliches Händchenhalten zu beruhigen. Stattdessen fand ich mich plötzlich mit den Casting-Unterlagen vor einem Mikrofon wieder, sollte eine Moderation sprechen und Fragen beantworten. Ehe ich michs versah, hatte ich die erste Runde des Castings bestanden.

Auch Udo war weitergekommen, und so sahen wir uns wenig später zur Endausscheidung in einem ehemaligen Fabrikgebäude, der legendär gewordenen Münchner Alabamahalle, wieder. Dort sollte eine Probesendung stattfinden, unter Live-Fernsehbedingungen und mit jugendlichem Publikum. Am Ende würden zwei Moderatorenteams ausgewählt werden, die zukünftig wöchentlich das Format »Live aus dem Alabama« präsentieren sollten, eine Diskussionsrunde mit anschließendem Livekonzert.

Als ich dran war und mich auf meinen Platz auf der Bühne setzte, war ich so aufgeregt, dass ich glaubte, ohnmächtig zu werden. Der Tontechniker befestigte ein Ansteckmikro an meinem Pullover, und ich erwartete, dass mein dröhnender Herzschlag über die Tonanlage in der ganzen Halle zu hören sein würde.

Da-dong-da-dong-da-dong...

Fragen Sie mich nicht, was das Thema der Gesprächsrunde war oder wer meine Gäste waren. Ich erinnere mich an nichts mehr. Nur, dass ich heilfroh war, als ich es überstanden hatte. Der Redakteur kam, um uns das Ergebnis des Castings mitzuteilen.

Ich wurde genommen. Udo nicht. Er war ziemlich sauer und es kostete mich ein teures Abendessen in einem edlen französischen Restaurant, um ihn halbwegs zu versöhnen. Inzwischen, über 35 Jahre später, hat er mir verziehen, denn er wurde ein erfolgreicher Schauspieler. Vielleicht kennen Sie ihn als Kommissar Leitmayr im bayerischen *Tatort*.

Warum erzähle ich Ihnen das?

Ein paar Wochen nach der Probesendung damals, bei der ich solches Lampenfieber hatte, dass ich fast gestorben wäre, erhielt ich von der Redaktion eine Video-Aufzeichnung meines Auftritts. Und was konnte ich da sehen? Eine selbstbewusst wirkende junge Frau, die souverän und entspannt eine Gesprächsrunde leitet.

Ich traute meinen Augen kaum. Dieses Bild von mir entsprach in keiner Weise dem Gefühl, das ich an diesem Tag erlebt hatte. Meine Selbstwahrnehmung und die Wahrnehmung, die andere von mir haben mussten, klafften denkbar weit auseinander. Da begriff ich dann auch erst, warum ich das Casting (mit drei anderen zusammen) gewonnen hatte.

Der Effekt: Von da an wurde mein Lampenfieber viel besser. Es hat mich nie ganz verlassen, aber es wurde auch nie mehr so schlimm, dass ich das Gefühl hatte, nicht klar denken zu können. Ich weiß, dass ich viel souveräner rüberkomme, als ich mich fühle, und das genügt, um mich tatsächlich souveräner zu fühlen, was dazu führt, dass ich souveräner rüberkomme und so fort. Eine sich selbst verstärkende positive Spirale – das Gegenteil eines Teufelskreises (für das es sprachlich leider keine Entsprechung gibt).

Aus meinem Glaubenssatz »Ich bin viel zu schüchtern, um öffentlich aufzutreten« wurde »Ich bin vielleicht schüchtern, aber mutig genug, um öffentlich aufzutreten«. Und aus »Jeder merkt mir an, wie aufgeregt ich bin« wurde »Ich wirke äußerlich viel ruhiger, als ich innerlich bin«. Diese »hilfreichen Wahrheiten«

haben mich befähigt, drei Jahrzehnte Fernsehen und unzählige andere Moderationsaufgaben weitgehend unfallfrei (und meistens mit Freude) zu bewältigen. Und wenn tatsächlich mal was schiefgegangen ist, half mir die Erfahrung: Menschen lieben Pannen. Tatsächlich finden andere es viel weniger schlimm, wenn einem ein Fehler unterläuft, als man selbst.

Mein Tipp an Sie: Überprüfen Sie immer mal wieder Ihre Glaubenssätze und ersetzen Sie diese, wenn möglich, durch »hilfreiche Wahrheiten« – zum Beispiel in einem Coaching. Mit Unterstützung des Coaches können Sie viel über sich, Ihr Selbstbild und Ihre Wirkung auf andere erfahren. Unser Bild von uns selbst und das Bild, das andere von uns haben, klaffen nämlich oft auseinander – im eigentlichen wie im übertragenen Sinn. Es kann sehr nützlich sein, diese Bilder gelegentlich abzugleichen. Denn nur wer ein realistisches Bild von sich selbst hat und sich seiner Stärken (und natürlich auch Schwächen) bewusst ist, kann auf Dauer erfolgreich sein.

Das Beispiel mit dem Lampenfieber zeigt, wie viel Energie in eine Angst oder Sorge fließen kann, die eigentlich unbegründet ist. Energie, die durch eine andere, hilfreiche Sichtweise wieder zur Verfügung steht – und die Sie nutzbringend einsetzen können. Zum Beispiel, um Ihr Ziel zu erreichen.

COACHINGTAG 2

Ihr ZIEL endgültig festlegen

- Ziel finalisieren
- Ins Ziel hineingehen
- Erste wesentliche Erkenntnisse
- Beginn Aufbau Unterstützerteam

Willkommen zurück!

Schön, dass Sie wieder da sind und Lust haben, den nächsten Schritt in Ihrem Selbstcoaching-Prozess zu gehen. Zunächst möchten wir Sie ermutigen, Ihr gestern gefundenes Ziel weiter zu vertiefen und sich noch besser mit ihm vertraut zu machen. Je klarer und stimmiger Sie nämlich Ihr Ziel formuliert haben und je genauer Sie wissen, was alles an Positivem mit ihm verbunden ist, desto einfacher wird es für Sie, dorthin zu gelangen.

>>Einen Vorsprung im Leben hat der, der anpackt, wo die anderen erst einmal reden.<<

John F. Kennedy

DEN WEG ZUM ZIEL GUT VORBEREITEN

Stellen Sie sich vor, Sie stechen mit einem Schiff für ein paar Tage in See. Wenn Sie nur eine diffuse Idee davon haben, wie Ihr Trip verlaufen soll, kann das mit etwas Glück ein netter kleiner Ausflug werden. Es könnte aber auch zu einer konfusen Schlingerei durchs Wasser führen, die irgendwann nur noch nervt.

Wenn Sie hingegen ein klares Ziel vor Augen haben – zum Beispiel binnen einer Woche entspannt jene fünf Inseln entlang der Küste abzuklappern, die Sie schon immer mal sehen wollten –, stehen die Chancen gut für ein tolles Erlebnis, an das Sie sich noch viele Jahre gerne erinnern.

Sie werden es dann auch leichter haben, Ihren Bootstrip so vorzubereiten, dass Sie Ihr Ziel tatsächlich erreichen: Sie besorgen sich die richtigen Seekarten. Sie suchen sich eine passende Mannschaft. Sie überprüfen den Motor und alle anderen technischen Geräte. Sie nehmen genügend Treibstoff und Proviant mit. Sie denken jetzt auch an Ihre alte Fotoausrüstung, weil Ihnen bewusst geworden ist, dass Sie hier nebenbei eine Leidenschaft wiederbeleben können, die Ihnen guttut. Sie checken das Wetter und den zu erwartenden Seegang und teilen sich die Reiseetappen entsprechend ein. Wenn Sie etwas nicht so gut können oder wissen, suchen Sie sich den Rat von Experten. Kurz: Sie kommen nicht nur ins Tun, sondern schaffen zielstrebig und planvoll die Voraussetzungen für einen Törn, der realistische Aussichten hat, ein nachhaltig positives Erlebnis für Sie zu werden. Ähnlich wirkt ein gutes Coachingziel. Es soll so gut überlegt und so klar formuliert wie möglich sein. Wichtig ist auch, sich dabei zu vergegenwärtigen, wo Sie bereits stehen und wie weit Sie kommen wollen (zum Beispiel mittels der an Coachingtag 1 vorgestellten Skalierung). Das Ziel sollte in erreichbarer Nähe sein, sodass Ihnen auf dem Weg nicht der Treibstoff ausgeht.

MIT DEM ZIELBILD VERTRAUT WERDEN

Vor diesem Hintergrund möchten wir mit Ihnen nun einmal gedanklich bewusst in Ihr Zielbild hineingehen. Sie dürfen und sollen sich jetzt ausmalen, was alles an Positivem mit dem Erreichen Ihres Zieles verbunden sein wird und wie gut Sie sich fühlen werden, wenn Sie dort angekommen sind. Denn das gibt noch einmal zusätzliche Energie, die Sie auf dem Weg unterstützt. Und Sie werden vielleicht noch ein paar weitere erfreuliche Aspekte entdecken, die Ihnen noch gar nicht bewusst waren. Bitte schreiben Sie dazu Ihr Ziel, das Sie an Coachingtag 1 in einer ersten Version bestimmt haben, nachfolgend noch einmal auf. Gehen Sie dazu auf die entsprechende Seite 36, 37 oder 43 – je nachdem, wo sich Ihre an Coachingtag 1 gefundene Formulierung befindet. Keine Angst, wir wollen Sie nicht nerven – bewusstes Aufschreiben macht nur einfach schneller klar, ob Ihr Ziel schon sitzt oder noch einen Feinschliff braucht. Das Verschriftlichen hat, wie bei einem Vertrag, zudem eine ganz andere Verbindlichkeit, als eine Sache nur auszusprechen. Gleichzeitig haben Sie hier letztmalig Gelegenheit, Ihren Zielsatz weiter anzupassen, falls nötig – vielleicht ist er ja noch etwas nachgereift.

Mein Ziel:

------------- --

------------- --

------------- --

------------- --

------------- --

------------- --

------------- --

------------- --

------------- --

**Was wird in Ihrem Leben anders und besser sein,
wenn Sie Ihr Ziel erreicht haben?**

------------- --

------------- --

------------- --

------------- --

------------- --

**Woran werden die Menschen in Ihrer Umgebung merken,
dass Sie Ihr Ziel erreicht haben?**

**Wie werden Sie feiern, wenn Sie Ihr Ziel erreicht haben?
Wen werden Sie einladen?**

Das eigene Zielbild optisch darzustellen, kann für zusätzliche Klarheit
und noch mehr Power sorgen. Skizzieren Sie doch auf der folgenden
Doppelseite, was alles zu sehen sein wird, wenn Sie am Ziel sind. Wenn
Sie Zeit und Lust auf mehr haben, können Sie alternativ auch gerne eine
Collage kleben oder, falls problemlos möglich, ein Foto machen, aus-
drucken und einkleben. Und auch hier gilt: Ihr Zielbild muss nur bestmöglich, aber nicht makellos sein. Allein dadurch, dass Sie versuchen,
hier erstmals sichtbar zu machen, wohin Sie wollen, haben Sie diese
Aufgabe bereits erfolgreich bearbeitet.

Mein Zielbild

Damit sind wir schon am Ende Ihrer ersten Zielarbeit. Bitte übertragen Sie jetzt Ihren Zielsatz in seiner finalen Version in die Rubrik »Mein Ziel« auf Seite 190. Tragen Sie auf der zugehörigen Skala ein ...

a) wie weit Sie Ihr Ziel aktuell
   bereits erreicht haben,

b) welcher Skalenstrich für Sie für eine
   gute Zielerreichung steht (falls Sie nicht
   sowieso die 10 gewählt haben).

Damit ist sichergestellt, dass Sie das Fundament Ihres gesamten Coachings jederzeit schnell zur Hand haben. Darüber hinaus können Sie mit der Skala jederzeit kontrollieren, wie erfolgreich Ihr Coaching wirkt – einfach, indem Sie in Gedanken hinspüren, wo Sie auf der Skala jeweils aktuell stehen. Und obendrein ist Ihr Ziel dadurch gemeinsam mit allen weiteren wesentlichen Ergebnissen aus Ihrer Arbeit mit diesem Buch an zentraler Stelle vereint.

So, und nun atmen Sie erst mal durch! Verschaffen Sie sich am besten ein bisschen Bewegung, bevor Sie weitermachen. Ein kleiner Spaziergang, eine Runde Schwimmen, danach sind Sie wieder frisch im Kopf. Denn ein bisschen haben Sie heute noch zu tun.

Wie geht's Ihnen jetzt? Fühlen Sie sich gut? Wunderbar.

Blättern Sie bitte jetzt auf Seite 200 zu einer weiteren Rubrik, auf die Sie noch einige Male zurückkommen werden – sie heißt »Wesentliche Erkenntnisse«. Tragen Sie dort alles ein, was Ihnen seit Beginn der Arbeit an diesem Buch Wichtiges und Wertvolles klar geworden ist und was Sie über sich oder Ihr Thema gelernt haben. Hatten Sie einen überraschenden Einfall? Schreiben Sie ihn auf. Vielleicht hatten Sie schon erste kleine Erfolgserlebnisse – notieren Sie, wie es zu ihnen gekommen ist.

Zu dieser Rubrik können Sie ab jetzt immer zurückkehren, wenn Sie weitere grundlegende Erkenntnisse festhalten möchten – ob mit direktem Bezug zu Ihrem Coachingziel oder darüber hinaus. Auch diese Punkte können später wertvolle Hebel für Ihren Lebenserfolg sein.

Übrigens

Falls es während der Arbeit an diesem Buch mal irgendwo zwickt, Sie abgelenkt sind oder sich nicht wohlfühlen: Gehen Sie der Störung auf den Grund und versuchen Sie, die Ursache zu klären und abzuschalten. Falls das nicht möglich ist, machen Sie eine Pause und arbeiten Sie erst weiter, wenn Sie den Kopf wieder frei haben.

»Das Glück
deines Lebens
hängt von der
Beschaffenheit
deiner
Gedanken ab.«

Oscar Wilde

IHR UNTERSTÜTZERTEAM

Auch wenn es im Coaching eigentlich nicht um das Erteilen von Ratschlägen geht: Auf eine bestimmte Weise können Sie auch hier bisweilen um Rat fragen. Und zwar nicht den Coach, sondern andere Menschen, die Sie bewusst auswählen. Das Besondere: Diese sind dabei gar nicht im Raum. Sie stellen sie sich lediglich vor und befragen sie in einer Art innerem Zwiegespräch. Interessanterweise können dabei ebenso erstaunliche wie hilfreiche Antworten kommen, wenn Sie nur ein wenig hartnäckig sind.

Von dieser Methode können auch Sie ab jetzt profitieren. Sie werden sich nun in Gedanken ein Unterstützerteam für Ihr Coachingziel zusammenstellen! Seine Mitglieder wählen Sie nach den folgenden Kriterien aus: Entweder die jeweilige Person ist kompetent in Bezug auf Ihr Thema oder sie kann Sie als Mensch gut einschätzen. Idealerweise finden Sie Kandidaten zu beiden Gruppen – oder sogar jemanden, der beide Kriterien in sich vereint.

Nehmen wir an, Ihr Ziel ist eine berufliche Veränderung. Wer fällt Ihnen ein, der dazu Hilfreiches sagen könnte? Eine Kollegin, die einen ähnlichen Schritt schon gegangen ist? Ihr Vorgesetzter, der Ihre beruflichen Stärken gut kennt? Ihr Lebenspartner, der besonders gut weiß, wie Sie ticken?

Das Besondere an diesem Tool: Sie können auch Menschen in Ihr Team holen, die Sie gar nicht persönlich kennen, aber schätzen oder bewundern. Was würden Bill Gates, Barack Obama oder der Dalai-Lama zu Ihrem Thema sagen, was Lady Gaga, Steffi Graf oder Queen Elizabeth? Was der Mann, mit dem Sie neulich im Zug so interessant über den Sinn des Lebens geplaudert haben? Oder Ihr persönliches Vorbild oder Ihre geliebte Oma? Sie sehen, Sie haben freie Auswahl und dürfen individuell entscheiden.

Gehen Sie dazu jetzt auf Seite 192 zur Rubrik »Mein Unterstützerteam« und tragen Sie dort die ersten Teammitglieder ein, die Ihnen spontan einfallen. Nehmen Sie sich dafür ruhig etwas Zeit und lassen Sie die einzelnen Personen der Reihe nach in Gedanken in Ihre Nähe kommen. Im Verlauf der nächsten Tage – vielleicht auch danach noch – werden Sie immer wieder auf Ihr Team zurückgreifen und es befragen. Und natürlich können Sie jederzeit weitere Personen hinzufügen, die Ihnen in der Zwischenzeit einfallen (was auch bei Ihnen im Lauf der Coachingtage der Fall sein wird, da sind wir sicher).

Und nun kommt gleich der erste Einsatz Ihres Teams!

→ Wählen Sie ein Mitglied aus.

→ Notieren Sie dann auf der folgenden Doppelseite zuerst links bis zu drei Fragen (oder konkrete Bitten um Rat), die Sie ihm oder ihr stellen wollen, von dessen oder deren Antworten Sie sich Unterstützung beim Erreichen Ihres Zieles versprechen.

→ »Befragen« Sie dann die Person im Geiste zu den einzelnen Punkten und schreiben Sie auf der rechten Seite die jeweiligen Antworten auf.

Meine ersten drei Fragen (oder Bitten um konkreten Rat) an Teammitglied:

(bitte Namen eintragen)

Frage 1 →

Frage 2 →

Frage 3 →

Was er/sie antwortet:

Antwort 1

Antwort 2

Antwort 3

Damit sind wir auch schon am Ende des zweiten Coachingtages.
Kosten Sie zum Abschluss noch Ihre Antworten auf folgende Frage aus,
die Sie sich bitte jetzt stellen:

**Was haben Sie heute beim Arbeiten mit diesem Buch besonders
gut gemacht? Bitte notieren Sie hier Ihre Antworten:**

*Damit sind wir am Ende von
Coachingtag 2. Danke für Ihren Einsatz!*

WARUM ES WICHTIG SEIN KANN, EINER SEHNSUCHT NACHZUGEHEN

Michael Simperl

1985 in einem Dorf nördlich von München. Ich bin 15 Jahre alt und zu Gast auf der Party eines Klassenkameraden. Es ist ein toller Abend, der Alkohol hat mich, einen eher ruhigen Typen, locker gemacht, wir tanzen und haben Spaß. Es ist schon ziemlich spät. Auf dem Plattenspieler läuft gerade »I'm on fire« von Bruce Springsteen, einem meiner Lieblingssänger. Den Text kann ich auswendig. Ohne es richtig zu bemerken, tue ich plötzlich etwas, das ich mich vorher nie getraut hätte: Ich singe mit. Laut. Aus vollem Herzen. Und lasse »es« einfach geschehen. Bis einer in die Runde ruft: »Hey, der kann ja richtig gut singen!«

2004, ich bin 34 Jahre alt und besuche eine Art »Selbsterfahrungsworkshop«. Weil ich einfach neugierig bin auf derartige Angebote und was sie mit mir machen. Aber auch in der Hoffnung, das eine oder andere auflösen zu können, das mir im Umgang mit anderen manchmal im Weg steht. Am ersten Tag sollen wir uns in Einzelarbeit gedanklich bestimmte Situationen mit anderen Menschen vorstellen, die uns zu schaffen machen – und jeweils fühlen, wie es uns dabei geht. Von Aufgabe zu Aufgabe werde ich innerlich verzweifelter. Weil ich versuche, alles wie gewohnt mit dem Verstand, sprich durch Nachdenken zu bearbeiten. Während wir ja fühlen sollen. Zu allem Unglück bin ich der Einzige, der Probleme hat. Alle anderen Teilnehmer können in den Zwischenrunden stets ausführlich über ihre unterschiedlichen Gefühlsreaktionen berichten. Wie ein kleines Kind werde ich in

meinem Inneren immer wütender: auf die dämlichen Aufgaben, auf die anderen, denen sie so mühelos gelingen, und natürlich auf mich. Der Workshopleiter bemerkt, wie ich immer wütender werde – trotz meiner Versuche, mir nichts anmerken zu lassen. In der Mittagspause, ich bin inzwischen völlig am Ende, lädt er mich zum Gespräch unter vier Augen ein. Irgendwie landen wir bei der Grundsatzfrage: »Michael, was willst du?« Und ich sage aus dem Moment heraus etwas, mit dem ich selbst am allerwenigsten gerechnet hätte: »Singen.«

2009 in einer Münchner Gesangsschule. Ich bin 39 Jahre alt und habe aus einem spontanen Impuls heraus eine Stunde Probeunterricht gebucht. Die Lehrerin und ich tasten uns mit den Tönen voran, ich werde mutiger bei den ersten Playbacks, die ich als Instrumentalbegleitung gleich mitgebracht habe – einige Frank-Sinatra-Klassiker, die mich seit meinen frühen Zwanzigern begleiten. Mehrmals muss ich unterbrechen und erklären, dass mein Dauergrinsen nicht bedeutet, dass ich die Stunde nicht ernst nehme. Sondern dass sich ein Teil von mir gerade unglaublich freut. Darüber, dass ich in diesem Moment erstmals einer tiefen Sehnsucht bewusst Raum gebe, die seit Jahren in mir schlummert.

Ab diesem Tag lasse ich nicht mehr locker. Es folgen insgesamt fünf Jahre intensiven Gesangsunterrichts, den ich wöchentlich besuche. Schritt für Schritt mache ich auf diese Weise einen Traum wahr, der mir erst jetzt so richtig bewusst wird: All die großen Songs von Frank Sinatra, die ich liebe und immer wieder und endlos hören kann, selbst singen zu können – »My Way«, »Theme from New York, New York«, »That's Life«, »Strangers in the Night« und viele mehr. Die jeweilige Begleitmusik, professionell arrangierte Big-Band-Einspielungen, gibt es für wenig Geld im Internet als Download zu kaufen. Alle Titel habe ich damit stets auf dem Handy dabei. So brauche ich jeweils nur an eine Musikanlage anzudocken, um mit voller Bigband-Begleitung »meine« Songs einzuüben und zu singen. Mir geht jedes Mal das Herz auf.

Heute zählt diese Zeit und alles, was aus ihr folgte, zu den Dingen, über die ich besonders froh bin, und dankbar, sie für mich verwirklicht zu haben. Obwohl bereits jenseits der 40, hatte ich nun nach langer Zeit wieder Lehrer – allesamt großartige Menschen, etwa Gail Gilmore, eine US-amerikanische Opernsängerin mit beeindruckender Biografie. Und dann die vielen besonderen Momente, die sich durch das Singen ergaben. Unvergesslich bleibt mir, was geschah, als ich nach vielen Anläufen zum ersten Mal den höchsten Ton der Schlusspartie von »My Way« traf (»... and did it maaayyy waaaay!«). Nach der letzten Note blickten mein Lehrer David und ich uns stumm an und wussten nicht, ob wir nun lachen oder weinen wollten. Und dann, nach einem Moment ungläubiger Stille, lachten und weinten wir gleichzeitig. Minutenlang.

Oder wie ich bei meinem ersten Auftritt bei einem der regelmäßigen »Schülerkonzerte« meiner Gesangsschule auf der Bühne fast die ganze Zeit die Augen geschlossen hielt – weil ich mir vormachte, das wirke besonders gefühlvoll (in Wahrheit hatte ich Angst, die Reaktionen der Leute zu sehen). Und wie ich mich im Lauf der Zeit daran gewöhnte, auf ein Publikum zu blicken. Und mich sogar wohl dabei zu fühlen.

Wie ich beim ersten Mal, als ich in ein Mikrofon sang, meinen Gesang aus dem Lautsprecher hörte – und sofort hinwerfen wollte. Und wie ich im Lauf der Zeit allmählich etwas zu fühlen begann, das Gail Gilmore so beschrieben hatte: »Du musst deine Stimme *lieben*.«

Wie ich bei diversen weiteren Auftritten mit meiner Gesangsschule, bei der jeder von uns Schülern ein Lied zum Besten geben durfte, mit einiger innerer Verzweiflung in die zuerst meist ausdruckslosen Gesichter des Publikums blickte und vergebens auf ein aufmunterndes Lächeln hoffte. Bis ich im Lauf der Zeit verstand, dass erst *ich* in der Freude sein muss, bevor das Publikum Freude oder Begeisterung empfinden kann. Ab dann machte ich mir über die anfänglich neutrale Mimik meiner Zuhörer keinen Kopf mehr. Und konzentrierte mich ganz darauf, meine eigene Energie und Freude zu spüren, mich von ihr berühren zu lassen. Und siehe da: Mein Publikum ging mit!

Solchermaßen gerüstet, fühlte ich mich wenige Jahre später bereit, einem meiner (nach wie vor) größten Träume – mit »meinen« Sinatra-Songs mit einer echten Big Band und allem Drum und Dran aufzutreten – ein wenig vorzugreifen. 2014 lud ich Freunde und Bekannte in ein namhaftes Münchner Veranstaltungsgewölbe zu meinem ersten Konzert ein. Fast zwei Stunden sang ich (mit Begleitung durch die Big-Band-Instrumentals von meinem Handy) vor fast 30 Leuten eine Auswahl meiner Lieblingstitel – und war einfach nur selig. Einmal in Fahrt, stellte ich im selben Jahr gleich noch zwei weitere Konzerte auf die Beine. Alle drei bilden eine weitere Erfahrung im Rahmen meiner musikalischen Leidenschaft, für die ich bis heute dankbar bin. Und die mich – wie mein gesamtes Singen – ein gutes Stück furchtloser, erfüllter und bewusster gemacht hat.

Welche Seite wartet in Ihnen darauf, gelebt zu werden?

COACHINGTAG 3

Ihren RESSOURCEN-POOL zusammenstellen und Hindernisse erkennen

- Ressourcen bewusst machen

- Hindernisse ermitteln (und erste Lösungen dafür)

- Vorbereiten eines ganz speziellen Events

Willkommen zum dritten Coachingtag!

Nachdem Sie sich im ersten Schritt intensiv mit der Grundlage eines jeden Coachings beschäftigt haben – der Ausarbeitung eines klaren und motivierenden Zieles –, geht es nun darum, welche Ressourcen Ihnen dafür bereits zur Verfügung stehen.

»Probleme sind Gelegenheiten zu zeigen, was man kann.«

Duke Ellington

WAS IST EINE RESSOURCE?

Der Begriff »Ressource« stammt vom lateinischen »resurgere« (hervorquellen) ab. Er bedeutet »Mittel« oder »Quelle« und bezeichnet materielle oder immaterielle Güter, die geeignet sind, einen Vorgang zu unterstützen und zum Erfolg zu führen.

Wenn wir also im Coaching von Ressourcen sprechen, meinen wir Fähigkeiten, Kenntnisse oder Eigenschaften, die ein Klient bereits mitbringt. Ein wichtiger Teil des Coachingprozesses besteht darin, diese vorhandenen Ressourcen zu identifizieren, denn vielen Menschen ist deren Existenz gar nicht bewusst.

Auch Sie fangen bei Ihrem Vorhaben nicht ganz bei null an. Mit großer Wahrscheinlichkeit verfügen Sie bereits über Mittel, die Ihnen helfen können, Ihr Ziel zu erreichen. Zum Beispiel, dass Sie durch Ihre langjährige Arbeit als Jugendtrainer gewisse Führungsqualifikationen erworben haben. Vielleicht gibt es mögliche Unterstützer in Ihrer Nähe, wie die Nachbarin von gegenüber, mit der Sie hin und wieder einen Small Talk halten. Und die zufällig genau bei dem Unternehmen arbeitet, bei dem Sie auch gerne anheuern würden.

Oft hält man die eigenen Stärken und Fähigkeiten für banal oder selbstverständlich, obwohl sie in Wahrheit ein echter Hebel sein könnten, der einen voranbringt. Das können in Ihrem Fall spezielle Fachkenntnisse sein, die Sie besitzen. Vielleicht sind Sie außergewöhnlich begabt dafür, Dinge zu analysieren. Oder Sie haben eine besonders kommunikative Art, dank der Sie zu anderen Menschen schnell einen guten Draht aufbauen, wodurch manche Tür für Sie leichter aufgeht.

Deshalb ist es wichtig, sich heute Ihrer Qualitäten und möglicher Unterstützer bewusst zu werden, die praktischerweise bereits vorhanden sind. Denn dann können Sie diese mit voller Wirkung für Ihr Ziel einsetzen. Das Tolle: Speziell mit diesen »Hebeln« können Sie häufig sofort loslegen, wenn es ans konkrete Umsetzen der Ergebnisse aus Ihrem Coaching geht –, weil sie eben schon da sind und nicht erst lange geschaffen, erlernt oder organisiert werden müssen. Zum Beispiel der Kontakt zu einer bestimmten Person, die zu Ihrem Ziel etwas Wertvolles sagen kann. Und die Sie einfach nur anzurufen brauchen.

Falls Sie bis jetzt noch geglaubt haben, bei Ihrem Ziel allein auf weiter Flur zu stehen oder sich dafür praktisch alles neu aneignen zu müssen, kann es wohltuend sein, sich auf diese Weise schwarz auf weiß zu vergegenwärtigen, dass Sie bereits einiges mitbringen, das Sie bei Ihrem Vorhaben unterstützen kann.

Bitte blättern Sie dazu jetzt kurz auf Seite 190 zur Rubrik »Mein Ziel«, wo Sie genau aufgeschrieben haben, was Sie erreichen wollen – damit Sie Ihr Ziel nochmals präzise vor Augen haben.

Überlegen Sie dann in Ruhe, welche nützlichen Ressourcen Ihnen zu den nachfolgenden Kategorien einfallen.

Ressource 1:
MENSCHEN

Eine wichtige Unterstützung beim Erreichen Ihres Zieles sind vermutlich auch bei Ihnen bestimmte Personen. Zum Beispiel, weil sie über wertvolle Kontakte verfügen. Oder weil sie sich zu Ihrem Thema gut auskennen. Sehr hilfreich sind auch Menschen, die generell eine ermutigende und positive Art haben – ohne Ihnen dabei ständig Ratschläge zu geben (den Unterschied merken Sie daran, wie Sie sich nach dem jeweiligen Gespräch fühlen). Andere inspirieren Sie immer wieder zu neuen und mutigen Gedanken.

Natürlich ist es schön, wenn sich an dieser Stelle auch der eigene Partner oder ein nahes Familienmitglied als Ressource entpuppt. Es ist aber auch völlig in Ordnung, wenn Sie ausschließlich außerhalb Ihres unmittelbaren Umfelds fündig werden. Achten Sie in jedem Fall darauf, dass jede Begegnung, jedes Gespräch, das Sie mit den Menschen, die Sie zu Ihren Ressourcen zählen, vielleicht schon bald im realen Leben führen werden, für die andere Seite mindestens ebenso erfreulich ist wie für Sie – indem Sie zum Beispiel die Zeit und die Zuwendung des anderen ausdrücklich wertschätzen.

Weiterhin wirken auch viele Persönlichkeiten des öffentlichen Lebens stärkend und unterstützend, ohne dass Sie direkt Kontakt aufzunehmen brauchen. Vielen inspirierenden Menschen können Sie etwa im Internet in Form von YouTube-Videos oder TED-Talks begegnen, die Sie ansehen und die Ihnen zusätzliche Energie und Antrieb geben können. Auf diese Weise können Sie sich zum Beispiel von der Power einer Oprah Winfrey oder der Weitsicht eines Warren Buffett anstecken lassen.

Halten Sie in der Rubrik »Meine Ressourcen« unter a) auf Seite 194 jetzt schriftlich fest, wer Ihnen alles zu diesem Punkt einfällt. Falls hier die eine oder andere Person auftaucht, die Sie bereits in Ihrem Unterstützerteam von Coachingtag 2 haben, ist das völlig in Ordnung – Sie können sie natürlich auch hier mit aufnehmen. Bitte überlegen Sie in diesem Fall, welche Personen darüber hinaus noch infrage kommen.

Umgekehrt kann es passieren, dass Ihnen an dieser Stelle Menschen in den Sinn kommen, die auch für Ihr Unterstützerteam bestens geeignet sind.

Wenn das so ist – tragen Sie diese gleich auch auf Seite 192 in der Rubrik »Mein Unterstützerteam« ein!

Ressource 2:
KENNTNISSE/ERFAHRUNGEN

Prüfen Sie jetzt, welche Kenntnisse und Erfahrungen Sie besitzen, die beim Erreichen Ihres Zieles nützlich sein können. Auf fachlicher Ebene kann dies zum Beispiel Ihr abgeschlossenes Studium sein, Ihre bisherige Berufserfahrung oder Ihre Vertrautheit mit wesentlichen Werken der Literatur. Aber auch, was Sie beim Bau Ihres Hauses, bei der Gründung einer Elterninitiative oder im Rahmen Ihrer Social-Media-Aktivitäten gelernt haben, ist womöglich ein starker Hebel für Ihr Ziel.

Schreiben Sie jetzt in der Rubrik »Meine Ressourcen« unter b) auf Seite 194 auf, was Ihnen zu diesem Punkt einfällt.

Ressource 3:
PERSÖNLICHE STÄRKEN

Machen Sie sich nun bewusst, welche Stärken Sie auf der Persönlichkeitsebene besitzen, die Ihnen beim Erreichen Ihres Zieles helfen werden. Das kann zum Beispiel eine gute sprachliche Ausdrucksfähigkeit sein, mit der Sie gesegnet sind – und die gerade bei Ihrem Vorhaben einen entscheidenden Unterschied machen kann. In anderen Fällen kommt es auf Stärken wie Kontaktfreude, Ausdauer oder Verhandlungsgeschick an. Aber auch Qualitäten wie ein ausgeprägtes Selbstbewusstsein, eine gewinnende Art, körperliche Gesundheit und Fitness oder Eigenschaften wie Verlässlichkeit und Integrität können sich bei vielen Zielen als echte Ressource erweisen – auch wenn sie Ihnen selbstverständlich erscheinen.

Tragen Sie jetzt auch Ihre persönlichen Stärken in der Rubrik »Meine Ressourcen« unter c) auf Seite 194 ein.

»Das Ge
des
anz

Tipp:

Falls Ihnen hier nur wenig oder womöglich gar nichts einfällt, befragen Sie in Gedanken einmal all jene Menschen aus Ihrem Unterstützerteam (siehe Seite 192), die Sie persönlich kennen.
Welche Antwort würde zum Beispiel Ihr langjähriger Arbeitskollege auf die Frage geben, welche persönlichen Stärken er bei Ihnen sieht?

eimnis
Erfolgs ist
fangen.«

Mark Twain

»Verrückte« Variante

Befragen Sie Dinge aus Ihrem unmittelbaren Umfeld.
Wenn Ihr Handy, Ihr Laptop oder Ihr Schreibtisch sprechen könnten –
was würden sie sagen, welche Ihrer persönlichen Stärken unbedingt
auf die Liste gehören?

EBENSO WICHTIG ZU WISSEN: WAS SIE BREMST UND BLOCKIERT

Wer ein anspruchsvolles Ziel erreichen will, muss auch seine wichtigsten Hürden und Hemmnisse kennen. Ansonsten droht die Gefahr, dass Sie zwar fleißig viele gute Hebel aktivieren, aber trotzdem kaum vorankommen – weil ein zentrales Hindernis oder eine wesentliche Blockade im Weg steht. Zudem wäre eine wichtige Qualität jedes guten Coachings verletzt: das Prinzip der Wahrheit. Denken Sie an die Geschichte von dem Meeting, bei dem der sprichwörtliche Elefant im Raum sitzt, und keiner etwas sagt. Gemeint ist, dass es ein schwieriges Thema gibt, das die Anwesenden beschäftigt, über das aber bislang nicht gesprochen wurde, weil niemand den Mut hat, es anzusprechen. Nicht wirklich überraschend, dass diese Meetings häufig zu keinem befriedigenden Ergebnis führen.

Typische Hemmnisse können zum Beispiel Dinge im Außen sein wie fehlende Fachkenntnisse, zu geringes Kapital, ungenügende Erfahrung oder mangelnde körperliche Fitness. Mindestens ebenso wichtig ist hier auch alles, womit Sie sich gedanklich spürbar im Weg stehen – allen voran negative Glaubenssätze à la »Das schaffe ich sowieso nicht«. Gerade diese Blockaden werden oft nicht erkannt und bleiben deshalb unbearbeitet. Dabei reicht es oft schon, einen eigenen »Negativglauben« einfach mal aufzuschreiben. Und ihn dann ganz nüchtern auf seinen Wahrheitsgehalt hin zu betrachten: Stimmt das wirklich? Wer sagt das überhaupt? Wie sehe ich es selbst?

Auf die Schliche kommen Sie derartigen Gedanken mitunter schon dadurch, dass Sie einmal ganz bewusst Ihre Aufmerksamkeit nach innen richten, während Sie an das zugehörige Thema denken. Und sich dann – wichtig – genügend Zeit nehmen, um in Ruhe zu beobachten, welche (negativen) Ideen, Annahmen und Bilder in Ihnen auftauchen. Sie werden das gleich im Anschluss ausprobieren können.

In Coachings kommen solche negativen Glaubenssätze regelmäßig ans Tageslicht. Nicht wenige stammen aus der Kindheit. Klassiker sind zum Beispiel »Ich bin nicht gut genug«, »Wenn ich erfolgreich bin, mag mich niemand mehr« oder auch – gar nicht so selten – »Ich bin es nicht wert, dass ich Erfolg habe«.

Erheblichen Zunder können auch einschränkende Annahmen über das eigene Geschlecht darstellen (»Frauen schaffen das nicht«) oder über die eigene Herkunft (»Wir Müller-Lüdenscheidts können einfach nicht mit Geld umgehen«).

Wichtig:

Hier geht es nicht darum, dass Sie sofort die richtige Antwort auf jedes mögliche Hindernis finden. Manchmal gibt es auch überhaupt keine Lösung, und Sie müssen ein bestimmtes Handicap einfach akzeptieren – zumindest fürs Erste. Für heute genügt es völlig, dass Sie zumindest einige Ihrer wesentlichen Hürden einfach mal klar und vor allem schriftlich benennen. Und sich dann erste Gedanken machen, was Sie jeweils zu ihrer Überwindung tun können. Oder wie eine erste hilfreiche Wahrheit lauten könnte, die Sie einem negativen inneren Glaubenssatz gegenüberstellen.

Lassen Sie uns gleich loslegen!

Meine wichtigsten Hürden und Hemmnisse im Außen

Wie lauten die wichtigsten Hürden im Außen, die Ihnen bei Ihrem Ziel im Weg stehen (fehlende Kenntnisse, zu geringes Kapital, keine Kontakte, ungenügende körperliche Gesundheit/Fitness etc.)?
Bitte maximal drei Nennungen.

1. →

2. →

3. →

Erste Ideen, Lösungen und Antworten für meine Hürden und Hemmnisse im Außen

Was kommt Ihnen spontan in den Sinn, wenn Sie Ihre drei größten äußeren Hürden und Hemmnisse der Reihe nach durchgehen? Schreiben Sie einfach auf, was Ihnen bei einem ersten kurzen Nachdenken einfällt. Allein, dass Sie beginnen, sich Gedanken über Antworten und Lösungen zu machen, ist bereits ein erster Erfolg, auch wenn die Antworten noch nicht vollständig sind (Sie werden später noch weiter damit arbeiten).

1.

2.

3.

Meine wichtigsten gedanklichen Hürden und Hemmnisse

Wie lauten die wichtigsten gedanklichen Hürden, die Ihnen bei Ihrem Ziel im Weg stehen (negative und damit hinderliche Glaubenssätze über Sie selbst, über andere Personen, über das eigene Geschlecht, über die Menschen allgemein etc.)?
Bitte maximal drei Nennungen.

1. $\Rightarrow$

---

2. $\Rightarrow$

---

3. $\Rightarrow$

Erste Ideen für hilfreiche Wahrheiten zu meinen drei größten gedanklichen Hürden und Hemmnissen

Prüfen Sie einmal ganz nüchtern, was Sie auf der linken Seite geschrieben haben. **Stimmt das wirklich exakt so, wie es da steht?** Wenn nicht: Wie muss der Satz stattdessen lauten, damit er a) für Sie der Wahrheit entspricht – auf der Basis Ihres jetzigen Wissens und Ihrer heutigen Lebenserfahrung – und b) so formuliert ist, dass er Sie bei Ihrem Ziel nicht mehr bremst, sondern unterstützt? Auch hier gilt: Sie müssen noch nicht das abschließende Ergebnis erreichen. Allein, dass Sie sich zumindest an dieser Aufgabe versuchen, ist schon ein erster Erfolg (Sie werden später weiter damit arbeiten).

1.

2.

3.

Gratulation – wieder haben Sie an einem ganz wesentlichen Punkt gearbeitet! Gerne können Sie jetzt eine kurze Pause machen, wenn Ihnen danach ist.

ERSTE ERFOLGE ANGEMESSEN BEGEHEN

Und jetzt noch zu einer Besonderheit: Am Abend des nächsten Coachingtages haben Sie einen Termin – Ihre erste kleine Erfolgsfeier steht an! Denn wir sind sicher: Wie auch immer Sie mit diesem Buch bisher gearbeitet haben (ob ganz entspannt oder sehr intensiv) – wenn Sie am Ende von Coachingtag 4 einmal bewusst innehalten, werden Sie mit einiger Sicherheit den einen oder anderen ersten Erfolg feststellen können.

Das kann eine Erkenntnis sein, von der Sie spüren, wie viel Power sie Ihnen für Ihr Ziel gibt. Genauso wert, gefeiert zu werden, sind aber auch erste Ideen und Gedanken, die Sie so noch nicht hatten. Selbst wenn es noch nicht viel ist, was Sie bei Ihrer ersten Bestandsaufnahme vorfinden werden: Schon damit ist Ihre Situation ein klein wenig anders als vorher. Sie haben bereits etwas verändert.

Und genau darum geht es.

Ein Grund zum Feiern für sich ist auch, dass Sie sich überhaupt mit diesem Buch und den Fragen und Aufgaben darin beschäftigen. Und bereits 4 Coachingtage durchgehalten haben! Egal, ob Ihnen alles super leichtgefallen ist oder Sie vielleicht ganz schön zu kämpfen hatten. Einen Anlass gebührend zu feiern ist für sich genommen schon eine feine Sache. Es ist aber auch Ausdruck eines wertschätzenden Umgangs mit sich selbst: Ihr kleines Event ist eine klare Ansage, dass Sie es sich wert sind, sich an Ihren Ergebnissen und Erfolgen bewusst zu erfreuen. Etwas, das bei zahlreichen Menschen zu kurz kommt; viele springen nur atemlos von einem Meilenstein zum nächsten. Wir hingegen glauben, dass es für ein Ziel und den Weg dorthin wichtig ist, dass wir auch Zwischenetappen angemessen würdigen.

Speziell für die Arbeit an einem anspruchsvollen Ziel kann ein solch bewusstes Würdigen eines Zwischenzieles auch die Nachhaltigkeit von dem, was Sie bereits erkannt und erreicht haben, unterstützen. Weil Sie das Neue gleich mit einem positiven Erlebnis verknüpfen, das – und jetzt kommt das Entscheidende – Ihr Gefühl anspricht. Was auch klärt, wie Sie feiern sollten: Hauptsache so, dass es positive Gefühle in Ihnen hervorruft. Ob stille Berührtheit, Freude oder Begeisterung.

Deshalb ist mit dem Begriff »feiern« hier auch nicht zwingend gemeint, ein großes Menü zu bestellen, Alkohol zu trinken oder gar eine Party zu schmeißen (auch wenn Ihnen natürlich all das freisteht). Feiern, so wie es hier verstanden ist, bedeutet einfach, dass Sie für ein paar Momente innehalten und sich vergegenwärtigen, was Sie schon alles getan und erreicht haben. Und der Freude, die dabei in Ihnen aufkommt, Raum geben, um sie bewusst auszukosten.

WIE WOLLEN SIE FEIERN?

Wählen Sie dazu einen Rahmen, der von Ihrem Alltag zumindest etwas abweicht. Das kann ein besonderes Essen oder ein gutes Glas Wein sein, das Sie sich sonst nicht gönnen würden, ein Picknick im Sonnenuntergang, zu dem Sie sich bisher nicht aufraffen konnten, oder auch etwas ganz anderes. Vielleicht ziehen Sie einfach etwas Besonderes an und gehen an einem »erhebenden« Ort spazieren, etwa an einem Gewässer entlang oder über einen Höhenzug mit toller Fernsicht.

Falls Sie vor der Wahl stehen, ob Sie Ihre erste kleine Erfolgsfeier lieber allein oder in Gesellschaft durchführen, prüfen Sie einfach, inwieweit Ihr Feiern dadurch beeinträchtigt oder – umgekehrt – bereichert werden könnte. Nicht mit allen Menschen lassen sich derartige Dinge teilen. In diesem Fall kann es besser sein, dass Sie Ihr Event allein mit sich veranstalten (und später wieder zu den anderen stoßen, falls Sie zum Beispiel gerade gemeinsam im Urlaub sind). Vielleicht sind Sie aber auch mit einem Partner oder Freund gesegnet, der oder die sich gerne mit Ihnen mitfreut – beste Aussichten für einen möglicherweise besonders reizvollen Abend.

Planen Sie bitte jetzt Ihre erste kleine Zwischenerfolgsfeier für den Abend von Coachingtag 4. Orientieren Sie sich dabei an Ihren ganz persönlichen Vorstellungen von dem, was »feiern« für Sie bedeutet. Entscheidend ist, bei welcher Idee Ihr Bauch mit einem spontanen »Super!« reagiert – oft ist es der erste Impuls, der einem in den Sinn kommt.

**Dauer Ihrer Feier:
mindestens 5 Minuten,
maximal ein Abend.**

Meine morgige Zwischenerfolgsfeier wird so aussehen:

Drei wesentliche Dinge, die ich tun kann, damit es ein schönes Erlebnis für mich wird, das mir nachhaltig in Erinnerung bleibt:

1.

2.

3.

Was für meine Feier schon heute zu organisieren/erledigen* ist:

Was für meine Feier an Coachingtag 4 zu organisieren/erledigen* ist:

---

*Tisch im Restaurant reservieren, Outfit raussuchen, Wettervorhersage prüfen, Spazierweg überlegen etc.

Damit sind wir am Ende von Coachingtag 3.
Danke für Ihren Einsatz!

An dieser Stelle ein kleiner Hinweis:
Für Coachingtag 4 benötigen Sie Papier
(ca. 20 Blätter, Zettel oder Karteikarten)
und einen etwas dickeren Stift.

WIE RESSOURCEN MANCHMAL GANZ NAHE LIEGEN KÖNNEN

Michael Simperl

Juni 1994, ein Ein-Zimmer-Apartment im Münchner Stadtteil Englschalking: Zwei junge Männer sitzen freudig aufgeregt an einem einfachen Esstisch – einer von ihnen bin ich. Jeder von uns legt drei sauber abgezählte 100-Mark-Scheine auf die Tischplatte. Von dem Geld wollen wir Briefmarken kaufen, bestimmt für ein selbst gebasteltes Mailing an Marketingleiter diverser großer Unternehmen aus ganz Deutschland. Die geplante Aussendung soll die Dienste unserer Firma vorstellen, die wir mit diesem Akt endgültig gegründet haben: eine Werbeagentur, spezialisiert auf Werbung für Jugendliche und junge Erwachsene. Auch wenn sie bis jetzt nur aus der Idee besteht. Und uns beiden.

Ansonsten haben wir rein gar nichts von dem vorzuweisen, was heute zur Basisausstattung jeder Unternehmensgründung gehört: Wir haben keinen Businessplan, kein Kapital, keine Investoren, keine Kontakte. Und auch mit unserer unternehmerischen Erfahrung sieht es nicht gerade rosig aus: Beide haben wir gerade einmal eine abgeschlossene Ausbildung zum Werbekaufmann in der Tasche, die wir jeweils in einer Münchner Agentur absolviert haben. Bei mir kommen noch erste Gehversuche als freiberuflich tätiger Werbetexter hinzu. Eine Tätigkeit als Angestellter in der Agentur, in der ich zuvor Azubi war, habe ich im Vorjahr nach nur vier Monaten gekündigt.

Auf der anderen Seite haben wir etwas, das uns antreibt. Einerseits natürlich den Wunsch, »groß rauszukommen«. Darüber hinaus verbindet uns aber noch etwas anderes, was uns schließlich auf unsere Geschäftsidee gebracht hat: Schon seit Langem missfallen uns die meisten Anzeigen, Fernseh- und Kinospots (das Internet war damals praktisch noch nicht vorhanden), mit denen Unternehmen versuchen, Jugendliche und junge Erwachsene als Käufer und Kunden zu gewinnen. Und die uns einfach nur haarsträubend peinlich, anbiedernd und unrealistisch vorkommen.

Unvergessen zum Beispiel die Anzeige einer Versicherung in einer Jugendzeitschrift, die einen unfassbar brav gestylten Schüler zeigte, der am helllichten Tag (!) ein ebenso unfassbar harmloses Graffito an eine weiße Wand sprühte, während der Versicherungsvertreter rechts im Bild freundlich hinübergrüßte, was dem Ganzen auch noch den letzten Rest an Glaubwürdigkeit nahm. Möbelhersteller warben mit Teenagern, die angesichts stinknormaler Jugendmöbel angeblich vor Begeisterung durchdrehten, als hätte Michael Jackson die Schreibtisch-Drehstuhl-Kombi persönlich aufgebaut. Erzkonservative Branchenverbände versuchten, im Radio die Aufmerksamkeit potenzieller Azubis mit selbst gedichteten Hip-Hop-Reimen zu gewinnen, die einfach nur zum Fremdschämen waren.

In einer anderen Lebensphase hätten wir all dem vermutlich keinerlei Beachtung geschenkt. Doch in diesem Fall sind wir beide nicht nur Augen- und Ohrenzeugen, sondern quasi »Betroffene«. Weil wir schon seit einigen Jahren selbst zum Kreis derjenigen gehören, welche die Unternehmen mit ihrer Werbung ansprechen wollen. Anders gesagt: Wir sind Teil der Zielgruppe – sowohl mein 23 Jahre alter Partner als auch ich mit meinen 24 Jahren. Und so fragen wir uns schon seit unzähligen Begegnungen mit mehr oder minder zweifelhaften Kampagnen, die uns für eine neue Limo oder ein Jugend-Bankkonto begeistern wollten: Warum schaut eigentlich keiner genau hin, wie junge Menschen wirklich ticken und wie man sie ansprechen muss, damit der Funke überspringt? Und so war schließlich eins zum anderen gekommen und unsere Geschäftsidee entstanden: eine Werbeagentur zu gründen, die endlich richtig gute Jugendwerbung macht.

Genau hier verwandelte sich ein wesentliches Manko von uns – ein für ein Dasein als Unternehmer ohne nennenswerte Grundlagen noch ziemlich junges Alter – plötzlich in eine wesentliche Stärke: Was Marken, Styles, Codes, Vorlieben und Lebenswelten von Jugendlichen und jungen Erwachsenen betraf, waren wir genau deshalb »automatisch« Experten – in einer Intensität und Nähe, die nur möglich ist, wenn man selbst jung ist und damit mittendrin im Geschehen. Und wir bekamen im Kinosaal auch live mit, ob bei einem Werbespot, der sich an ein junges Publikum richtete, die Gags im Saal zündeten oder (wie so oft) Rohrkrepierer waren.

Wie sehr wir mit unserem jeweiligen Geburtsdatum bereits eine erste Trumpfkarte ausspielten, bevor wir überhaupt den Mund aufgemacht hatten, wurde uns dann bei den ersten Kennenlernterminen bewusst, die wir über unser kleines Mailing tatsächlich erreicht hatten. Da saßen Marketingleiter großer Markenhersteller, die gut 20 Jahre älter waren als wir, und lauschten gespannt, was aus unserer Sicht in ihrer Werbung falsch lief (und warum wir es besser machen würden). Bald folgten erste Aufträge, etwa für das Entwickeln einer Anzeigenkampagne. Ebenso bald wurden wir auch weiterempfohlen als Redner für Branchenkongresse zum Thema Marketing. Bei Auftritten in ganz Deutschland, Österreich und der Schweiz sprachen wir dort über Jugendtrends oder sezierten vor großem Publikum von uns gesammelte Musterbeispiele misslungener Jugendwerbung. Immer waren wir danach gut im Gespräch mit potenziellen Kunden und Auftraggebern oder ernteten sonstige interessante Anfragen. Die Werbefachpresse, ein ganz wesentlicher Schlüssel für den Erfolg unserer jungen Agentur, bedachte uns mit bis zu zweiseitigen Artikeln, unsere beiden jugendlichen Konterfeis immer schön groß in der Mitte platziert.

Über die nächsten Jahre entwickelte sich unsere Firma auf diese Weise zu einem ziemlich erfolgreichen kleinen Unternehmen, dem ich selbst bis Mitte 30 treu bleiben sollte. Auch rückblickend war unser, in den Anfangsjahren blutjunges, Alter auf der einen Seite dafür verantwortlich, dass wir als Unternehmer vieles hart nach dem Learning-by-Doing-Prinzip lernen mussten. Auf der anderen Seite war es gerade bei unserem Thema eine ganz wesentliche Ressource, die von Anfang an vorhanden war und für die wir nichts weiter zu tun brauchten. Und die in unserem Business trotzdem alles andere als selbstverständlich war – und oft genug dafür sorgte, dass so manche Tür einfach schneller aufging.

»Ich habe
Dinge
für die ich
ganz
So wächs

immer
getan,
noch nicht
bereit war.
man.«

Marissa Mayer (berühmte US-amerikanische Managerin)

COACHINGTAG 4

AUSTAUSCH mit dem INNEREN TEAM

- Arbeiten mit Ihrem »inneren Team«

- Sammeln erster »Hebel« – positiver wie negativer

- Erste Erfolge würdigen ...

Willkommen zu einem weiteren Coachingtag!

Sie haben nun fast die Hälfte Ihres Selbstcoaching-Programms

absolviert – Zeit für eine kleine Zwischenbilanz!

Was Sie bereits geschafft haben:

1. Sie haben Ihr Anliegen identifiziert und ein Ziel erarbeitet, es überprüft und gegebenenfalls angepasst.

2. Sie besitzen ein gedankliches Unterstützerteam (das übrigens ständig erweitert werden kann).

3. Sie haben schon einige grundlegende Erkenntnisse festgehalten.

4. Sie sind sich bewusst, welche Ressourcen Ihnen im Hinblick auf Ihr Ziel zur Verfügung stehen.

5. Sie kennen mögliche Hindernisse auf Ihrem Weg und haben erste Ideen entwickelt, wie Sie diese überwinden können.

6. Ihre Zwischenerfolgsfeier für heute Abend ist geplant.

UND SO GEHT ES WEITER

Sie haben Ihr Ziel, das Sie in der Rubrik »Mein Ziel« auf Seite 190 festgehalten haben, klar vor Augen. Es fühlt sich gut an, verschafft Ihnen ein stilles »Wow!«-Gefühl, macht Ihnen Lust, weiter daran zu arbeiten. Sie sind sich sicher und spüren es auch: Da wollen Sie hin, und das können Sie auch schaffen!

Wir wollen Ihnen nun ein Coachingtool vorstellen, das eine weitere wichtige Unterstützung auf dem Weg zu Ihrem Ziel darstellt.

Bitte nehmen Sie dazu das Papier und den Stift zur Hand, die Sie sich für heute bereitgelegt haben, und suchen Sie den von Ihnen festgelegten Platz oder Raum auf, wo Sie für die nächsten ein, zwei Stunden ungestört arbeiten können. Wenn Sie draußen arbeiten, achten Sie darauf, dass Ihr Ort möglichst windgeschützt ist und keine neugierigen Blicke stören. Denn was jetzt kommt, ist nicht nur ein wenig ungewöhnlich, sondern auch sehr persönlich.

IHR INNERES TEAM

Wer bin ich - und wenn ja, wie viele? So lautet der Titel eines bekannten Bestsellers von Richard David Precht. Er deutet an, dass in uns allen unterschiedliche Anteile existieren, die im Zusammenspiel unsere Gesamtpersönlichkeit formen. Je nach Anlass melden Sie sich in Form unterschiedlichster »Stimmen« zu Wort, mal der innere Kritiker, (der natürlich auch eine Kritikerin sein kann), mal der Faulpelz, der Ehrgeizige, der Leichtsinnige, der Ängstliche oder der Mutige. Bei jedem Menschen sind das natürlich andere Anteile, je nach Persönlichkeit.

Einen Unterschied macht auch die Situation, in der Sie sich befinden, oder das Thema, um das es geht. Im entspannten Zwiegespräch mit dem besten Freund dominieren andere innere Anteile als im Job oder gegenüber den Kindern, wenn Sie so richtig unter Strom stehen. Alle, selbst die ungeliebten Anteile, erfüllen dabei eine wichtige Funktion — mal klar erkennbar, mal gut versteckt hinter einer

negativen Fassade. Und immer bilden sie dabei eine Art Mannschaft: Ihr inneres Team. Wie gut oder schlecht dieses jeweilige Team aufgestellt ist und zusammenspielt, hat großen Einfluss darauf, wie Sie sich in einer Situation verhalten oder eine Sache angehen. Daher lohnt es sich, bei wesentlichen Themen zumindest den wichtigsten Mitgliedern eine Stimme zu geben, sie anzuhören und mit ihnen zu arbeiten.

»Das innere Team« ist unter dem gleichen Namen auch ein ebenso wichtiges wie kraftvolles Tool bei der Arbeit mit einem Coach, das wir Ihnen mit diesem Buch auch für Ihr Selbstcoaching zugänglich machen wollen. Es geht zurück auf den Hamburger Psychologen Friedemann Schulz von Thun und ist wiederum inspiriert von einer Methode der US-amerikanischen Psychotherapeutin Virginia Satir, die vor allem für ihre systemische Familientherapie bekannt war. Auch dem inneren Team liegt ja der systemische Gedanke zugrunde.

Das Besondere: Mit dieser Methode können wir uns bewusst machen, welche konkreten Player in unserem jeweiligen inneren Team vorhanden sind – was ihnen wichtig ist, welche Aufgaben sie erfüllen oder erfüllen könnten, wo es am gegenseitigen Verständnis noch fehlt oder wo ihr Zusammenspiel hakt. Dies herauszufinden ist eine Arbeit, die einen gewichtigen Unterschied für Ihr Vorhaben machen kann.

Stellen Sie sich vor, zu Ihrem inneren Team gehören »die Ängstliche", »die Kritikerin« und »die Mutige« (beziehungsweise »der Ängstliche«, »der Kritiker« und »der Mutige«). Die Ängstliche möchte Sie vor Fehlern bewahren, ist guten Argumenten aber durchaus zugänglich. Die Kritikerin hat vor allem den Wunsch, inhaltlich einbezogen zu werden, während die Mutige dazu neigt, voranzustürmen, ohne auf die anderen Rücksicht zu nehmen.

Jetzt malen Sie sich aus, was passieren könnte, wenn Sie über wesentliche Argumente, Einwände oder Widerstände dieser Teammitglieder einfach hinweggingen, und diese auch keine Chance bekämen, sich gegenseitig anzuhören.

Da kann aus der Ängstlichen schnell eine Bremserin werden, die verhindern will, dass Sie irgendwas tun, bevor Sie einen Fehler machen. Aus der Kritikerin wird eine Saboteurin, die Ihr Projekt behindert, weil sie die Art der Durchführung nicht gutheißt. Wenn die Mutige nicht auch die Argumente der anderen mal gehört hat, treibt sie Sie mit ihrem Leichtsinn vielleicht in eine Richtung, die sich am Ende als nicht zielführend oder gar schädlich erweist.

Andere Teilnehmer grätschen grundsätzlich dazwischen, klassischerweise zum Beispiel »die Pessimistin« – einfach, weil sie es immer schon so machen und bis jetzt niemand mit ihnen über ihr Verhalten und ihre Motive »gesprochen« hat. Womöglich dominieren bis jetzt in Ihrem inneren Team auch noch Anteile, die besser in den Hintergrund träten, während andere eine gewichtigere Rolle einnehmen sollten. Allesamt können sie die Umsetzung unserer Ziele erschweren oder boykottieren, ohne dass wir dies so richtig realisieren. Wenn wir sie aber anhören und ihnen die Chance geben, sich selbst und die anderen Teammitglieder besser zu verstehen, können sie sich im Idealfall zu Unterstützern wandeln, die uns mit ihren spezifischen Fähigkeiten dabei helfen, unsere Ziele zu erreichen.

So weit, so verrückt?

Keine Bange: Es ist ganz normal, wenn Ihnen die Idee des inneren Teams und des »Sprechens« mit einzelnen Mitgliedern erst einmal reichlich seltsam vorkommt. Auch hier zählt, sich einfach darauf einzulassen und zu sehen, was passiert.

Beraumen wir nun also ein erstes Meeting Ihres inneren Teams in Bezug auf Ihr Thema an. Nehmen Sie dazu jetzt die vorbereiten Blätter oder Zettel und einen kräftigeren Stift zur Hand.

Konzentrieren Sie sich bitte nun zuerst auf Ihr Ziel. Lesen Sie bei Bedarf auf Seite 190 noch einmal durch, was Sie dazu aufgeschrieben haben.

Lassen Sie Ihre Zielformulierung auf sich wirken.

Und dann horchen Sie in sich hinein.
• Welches Ihrer inneren Teammitglieder meldet sich dazu als Erstes zu Wort?
• Was sagt er oder sie genau?

Schreiben Sie seinen oder ihren zentralen Satz als Zitat, also in Anführungszeichen, auf das erste Blatt aus Ihrem Papier- oder Zettelvorrat.

Das können zum Beispiel sein:

»Immer fängst du was Neues an, ohne das Alte zu Ende zu bringen«, »So viel Erfolg steht dir nicht zu« oder »Ich will endlich was bewegen!«. Was auch immer Ihr innerer Anteil zu Ihnen sagt – notieren Sie es.

Wichtig: Lassen Sie dabei über dem Satz immer ein wenig Platz frei!

Gut möglich, dass Ihnen hier so mancher (hinderliche) Glaubenssatz oder auch die eine oder andere persönliche Stärke von Coachingtag 3 wieder begegnen – nun repräsentiert als konkrete »Stimme«. Umso besser, an dieser Stelle noch mal mit ihnen arbeiten zu können!

Weiter geht's:

Wie würden Sie diese Stimme nennen?
• Ist es der Kontrollfreak?
• Die Gesundheitsbeauftragte?
• Der Bedenkenträger?
• Die Kompetente?

Überlegen Sie sich einen passenden Namen und schreiben Sie ihn über den zentralen Satz. Platzieren Sie dann das Papier oder den Zettel vor sich auf dem Boden.

Diesen Vorgang wiederholen Sie so lange, bis Sie für Ihr Gefühl alle wesentlichen Stimmen identifiziert sowie deren jeweilige Kernsätze und Namen aufgeschrieben haben. Erfahrungsgemäß werden es zwischen 5 und 8 sein – einige sind vielleicht Variationen von bereits vorhandenen und können zusammengefasst werden. Idealerweise gelingt es Ihnen, neben negativ empfundenen Anteilen auch solche zu finden, die positiv und hilfreich sind (zum Beispiel »die Expertin«). Die Anzahl der Stimmen kann sich während dieses »Meetings« übrigens noch verändern. Manchmal wird einem erst

mittendrin bewusst, dass noch jemand fehlt oder eine Stimme überhört wurde.

Wenn Sie fertig sind, korrigieren Sie die Position der einzelnen Blätter oder Zettel bei Bedarf so lange, bis das Ganze ein stimmiges Abbild Ihrer inneren Ist-Situation ist. Sie werden spüren, wenn es so weit ist.

Falls Ihnen das schwerfällt, kann es helfen, ein DIN-A4-Blatt als »Konferenztisch« hinzulegen und die Teilnehmer darum herum zu gruppieren, wie bei einem richtigen Meeting.

Überlegen Sie:
• Wer würde neben wem sitzen wollen?
• Wer hat mit wem ein Problem?
• Welche Teilnehmer bilden Allianzen?

Formulieren Sie jetzt Ihre erste Frage an Ihr Team. Sie sollte möglichst konstruktiv und zielführend sein.

Zum Beispiel:
Was ist für euch wichtig, damit ihr mein Ziel unterstützen könnt?

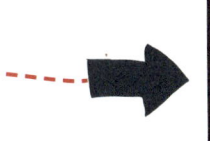

> *Nun ist ein bisschen Mut und Improvisationsbereitschaft von Ihrer Seite gefragt.*

> *Blicken Sie auf Ihre Teammitglieder und erspüren Sie, wer am dringendsten etwas dazu sagen möchte.*

Wer schnippt (wie damals in der Schule) am lautesten mit dem Finger? Versetzen Sie sich in diesen Anteil Ihrer Persönlichkeit und sagen Sie laut und in Ich-Form, was er Ihnen auf Ihre Frage antworten würde.

Ihr Gesundheitsbeauftragter (falls Sie einen haben) könnte zum Beispiel zu Ihnen sagen: »Ich habe das Gefühl, du machst zu viel gleichzeitig. Du neigst dazu, deine Kräfte falsch einzuschätzen und dich zu übernehmen. Für mich wäre wichtig, dass du mehr auf deine Gesundheit achtest.«

Bleiben Sie dann weiter im Gespräch. Sie könnten nachfragen, was genau er damit meint. Vielleicht würde er sagen: »Du könntest gesünder essen, auch mal früher ins Bett gehen und dich mehr bewegen. Das würde mich schon etwas beruhigen.«

Die Skeptikerin hingegen könnte sagen: »Ich traue deiner Idee nicht.« Wenn Sie nachfragen: »Was würde dir helfen, um mehr Vertrauen in die Idee zu bekommen?«, würde sie vielleicht sagen: »Ich weiß noch zu wenig. Eine gründliche Recherche zu diesem und jenem Aspekt würde es mir leichter machen.«

WOZU DIENT IHR MEETING MIT DEM INNEREN TEAM?

Um Missverständnisse zu vermeiden: Sie sollen kein Rollenspiel aufführen und Texte aufsagen, die Ihnen passend erscheinen. Sie sollen sich vielmehr intensiv in die einzelnen Mitglieder Ihres inneren Teams einfühlen und das formulieren, was deren Anliegen, Sorgen oder Wünsche in Bezug auf Ihr Thema am besten ausdrückt. Sie werden überrascht sein, wie klärend es ist, diese Gedanken einmal laut auszusprechen und sich selbst dabei zuzuhören.

Bei all dem geschieht gleichzeitig etwas ganz Wesentliches: Ihre Teammitglieder werden – vermutlich zum ersten Mal überhaupt – bewusst gehört und gesehen. In dem, was sie bewegt, was ihnen wichtig ist (in Wahrheit sind es natürlich immer Sie selbst, dem Sie hier Ihre Aufmerksamkeit so intensiv schenken wie vielleicht schon

lange nicht mehr). Ein solches Gehört- und Gesehenwerden ist generell im Leben ein entscheidender erster Schritt für Veränderung.

Was Sie bei Ihren Teamgesprächen womöglich auch herausfinden werden: Alle Ihre inneren Anteile haben eine Aufgabe, und die meisten meinen es – auch wenn sie sich kritisch äußern – gut mit Ihnen. Was vordergründig als Zweifel oder Kritik daherkommt, drückt vielleicht eine ernst zu nehmende Sorge aus. Und auch all jene Anteile, die Sie am liebsten sofort loswerden möchten, wollen Sie womöglich nur vor einer bestimmten Gefahr schützen. Versuchen Sie deshalb herauszufinden, was die jeweilige Stimme Gutes und Nützliches für Sie erreichen will. Hilfreich ist hier zum Beispiel die ganz einfache Frage: Worum geht es dir für mich?

EINE TALKRUNDE, DIE VIELES VERÄNDERN KANN

Wichtig ist, dass Sie Ihre Teammitglieder auch untereinander »ins Gespräch bringen«. Wenn Sie zum Beispiel einen »Kassenwart« haben, der fürchtet, Sie könnten Geld in eine unsichere Sache investieren, lässt dieser sich vielleicht von einem anderen Teammitglied beruhigen, der ihm konkrete Beispiele dafür nennen kann, wie verantwortungsvoll Sie in letzter Zeit mit Geld umgegangen sind. Oder wo Sie profunde Beratung zum Thema Kapitalanlagen finden können.

Wenn ein Mitglied Angst vor einer Veränderung hat, gibt es vielleicht einen anderen im Team, der ihm diese Angst in Form ermutigender Positivbeispiele nehmen kann.

Sie moderieren also gewissermaßen ein Gespräch sowohl mit als auch zwischen Ihren inneren Stimmen, wobei Sie sich abwechselnd in alle hineinversetzen und ihre Gedanken laut aussprechen. Womit spätestens jetzt klar ist, warum Sie bei dieser Aufgabe besser allein und ungestört sind ...

Dabei können Sie im Lauf des Gesprächs auch Vereinbarungen mit Ihren Teammitgliedern treffen. Vielleicht sagt Ihr Kassenwart: »Wenn du deine Schulden zurückbezahlt hast, unterstütze ich dich bei deinem neuen Projekt.« Oder Sie versichern der Skeptikerin: »Ich verspreche dir, dass ich mir bei XY erst die nötigen Informationen hole, bevor ich den nächsten Schritt unternehme.«

Wenn es Ihnen hilft, notieren Sie sich die getroffenen »Absprachen« mit Ihren Teammitgliedern – zum Beispiel auf der Rückseite der Zettel oder Karten, mit denen Sie gearbeitet haben.

SICH SELBST BESSER KENNENLERNEN

Eine weitere Erkenntnis, die sich bei dieser Arbeit in der Regel einstellt: Viele unserer inneren Anteile wissen gar nicht voneinander. Und können sich dadurch auch nicht gegenseitig unterstützen. Manche brauchen auch dringend ein Update: Weil sie bestimmten Glaubenssätzen anhängen, die völlig überholt sind. Längst haben wir uns als Persönlichkeit weiterentwickelt, während sie immer noch die gleiche Platte abspielen à la:
»Du kannst einfach nicht rechnen«,
»In unserer Familie lassen sich alle irgendwann scheiden«,
»Du hast doch immer schon ...«,
»Du bist doch noch nie ...«.

Eine wichtige Aufgabe des Meetings mit Ihrem inneren Team kann deshalb auch sein, einzelne Mitglieder auf den neuesten Stand zu bringen und überholte Glaubenssätze zu revidieren. Weil Sie heute eben keine neunjährige Schülerin oder ein unbedarfter Teenager-Junge mehr sind, sondern eine Frau oder ein Mann, die oder der inzwischen viel darüber weiß, wie das Leben läuft. Dem entsprechenden Anteil an dieser Stelle einfach mal freundlich die Wahrheit zu sagen, kann nicht nur unnötige Besorgnisse ausräumen, sondern spürbar befreien.

KÖNNEN VIEL VERÄNDERN: HILFREICHE WAHRHEITEN

Vielleicht gibt es auch besonders destruktive Anteile in Ihrem Team, die Sie scheinbar nur provozieren und dazu bringen wollen, den Mut zu verlieren. (»Du hast doch noch nie was Vernünftiges geschafft! Warum soll es diesmal klappen?«) Finden Sie im Gespräch mit ihnen heraus, was die Stimmen Ihnen eigentlich sagen wollen und wo sie ihren Ursprung haben. Sätze wie »Geld verdirbt den Charakter« oder »An Armut ist man selbst schuld« könnten in Ihrer Kindheit gefallen sein und sich bei Ihnen festgesetzt haben. Gleichen Sie diese Sätze mit Ihrer eigenen Lebenserfahrung ab, sodass sie im Idealfall kein Hemmnis mehr sind und nicht zur Blockade werden können.

Versuchen Sie auch hier, Ihre persönliche hilfreiche Wahrheit zu formulieren – einen Satz, der für Sie sowohl wahr ist als auch unterstützend für Ihr Ziel, der Ihnen Rückenwind gibt. Er könnte zu den oben angeführten Beispielen etwa lauten: »Ich kenne einige Reiche, die sympathisch und großzügig sind und immer wieder Beeindruckendes bewegen – etwa Person A, B und C.« Oder: »Auch in mir schlummert vermutlich die Möglichkeit, in zehn Jahren in Wohlstand und Fülle zu leben.«

Wenn auch bei intensiver Befragung nichts Konstruktives von den Stänkerern kommt, arbeiten Sie erst einmal mit Anteilen weiter, die einen konstruktiveren Charakter haben. Kommen Sie dann später noch einmal auf die Querulanten zurück, zum Beispiel mit der Frage: »Was ist für dich jetzt anders nach den Gesprächen, die hier im Team gelaufen sind?«
Manche vermeintlichen »Quertreiber« erfordern – wie im echten Leben – einfach Geduld.

DEN INNEREN STIMMEN BEACHTUNG SCHENKEN

Wir können uns vorstellen, dass das innere Team zunächst eine Herausforderung für Sie darstellt. Es ist für die meisten Menschen ungewohnt, sich mit ihren inneren Anteilen zu beschäftigen, ihnen eine Stimme zu geben und zwischen ihnen und sich selbst hin und her zu wechseln. Es ist schwierig, sich vorzustellen, dass sie uns etwas sagen könnten, das wir nicht schon wissen. Natürlich ist alles, was sie sagen, bereits in uns gespeichert. Der Zweck des inneren Teams liegt darin, es aus dem Unterbewussten ins Bewusstsein zu holen – und laut auszusprechen, sodass wir es hören können. Das hat eine viel stärkere Wirkung, als die Aussagen und Sätze nur zu denken.

Wenn Sie die Übung erfolgreich durchgeführt haben, müssten sie erfahren haben, wie die Stimmung in Ihrem inneren Team in Bezug auf Ihr Ziel ist, wer die Unterstützer und wer die Bremser sind und was die Kritiker brauchen, um doch noch mitzuziehen.

Nun ist auch schon die Zeit für erste Änderungen in Ihrem Team gekommen.

Vielleicht spüren Sie ja nach einem intensiven Gespräch mit einem der Player in Ihrem inneren Team, dass für diesen mittlerweile eine ganz andere Bezeichnung angebracht wäre, die wesentlich stimmiger ist. Drehen Sie in diesem Fall das entsprechende Blatt um, schreiben Sie den neuen Namen auf und schauen Sie mal, wie es sich für Sie anfühlt, wenn sich etwa die »Zweiflerin« zur »Sicherheitsbeauftragten« gewandelt hat.

Ebenso dürfen Sie auch Positionen von Teammitgliedern probeweise ändern, also wer an welcher Stelle liegt. Prüfen Sie auch hier, was Ihnen Ihr Bauchgefühl sagt, wie eine erste Neuaufstellung Ihres Teams aussehen könnte, die a) zu Ihrem Ziel gut passt und mit der sich b) alle Beteiligten – einschließlich Sie selbst! – wohlfühlen. Am Ende verfügen Sie damit über eine weiterentwickelte Version Ihres Teams, das Sie in dieser Form womöglich deutlich besser bei Ihrem Ziel unterstützen kann.

Damit diese wertvolle Arbeit von heute nicht verloren geht, sondern für spätere Aufgaben verlässlich zur Verfügung steht, übertragen Sie bitte abschließend Ihr inneres Team in seiner Schlussaufstellung als kurze Skizze in die gleichnamige Rubrik auf Seite 196.

Durch das Festhalten Ihres inneren Teams in diesem Buch können Zieles ihm in Zukunft auch jede andere Frage stellen, die für Sie wichtig ist und die Sie weiterbringt.

Wie eingangs schon erwähnt, ändert sich die Zusammensetzung Ihres inneren Teams je nach Zeitpunkt und Thema. Wenn Sie mit dieser Methodik ein Meeting zu einer anderen Sache einberufen, werden wahrscheinlich einige von den Playern wieder auftauchen, die Sie schon kennen. Sehr wahrscheinlich zeigen sich aber auch neue Stimmen, die zu Ihrem nächsten Thema etwas zu sagen haben. Das ist ganz normal und zeigt, dass in uns mehr Facetten schlummern, als uns üblicherweise bewusst ist.

Sicher haben Sie es bemerkt: Die Arbeit mit dem inneren Team kann ganz schön intensiv sein! Machen Sie deshalb an dieser Stelle am besten eine kurze Pause, bevor es weitergeht.

Haben Sie noch Energie?

Wenn ja, dann werfen Sie doch gemeinsam mit uns einen Blick auf mögliche Hebel, die dazu beitragen können, dass Sie Ihr Ziel erreichen. Wie sich in Coachings immer wieder zeigt, haben wir davon viel mehr zur Verfügung, als wir glauben – also Möglichkeiten, selbst etwas Bestimmtes zu tun, das die Erreichung unseres Ziels positiv beeinflusst.

DEN HEBEL ANSETZEN ...

Bei manchen dieser Hebel – wir nennen sie »Positiv-Hebel« – ist uns gar nicht bewusst, dass sie etwas mit unserem Ziel zu tun haben. Etwa, weil sie uns als nicht weiter bedeutsam erscheinen. Dabei kann es in Wahrheit einen gewichtigen Unterschied machen, ob wir zum Beispiel unter der Woche ab jetzt um 22.30 Uhr ins Bett gehen statt um Mitternacht. Weil wir nur dann tagsüber die nötige Power für eine bestimmte Fortbildung haben, die ein wesentlicher Schlüssel für das Erreichen unseres Zieles ist.

Wer hingegen möglichst viele seiner Positiv-Hebel kennt und verstanden hat, kann sie zielführend einsetzen und damit eine ganz andere Wirkung entfalten. Gleichzeitig fällt es damit in der Regel wesentlich leichter, überhaupt ins Tun zu kommen, ein Momentum zu erzeugen – und damit wertvolle Energie zur Verfügung zu haben.

Vertiefen wir noch ein wenig das Bild des Hebels: Im klassischen Sinne agiert er ja als mechanischer Kraftwandler, der es ermöglicht, mit relativ kleinem Aufwand eine relativ große Wirkung zu erzielen – die bekannte Hebelwirkung. Je weniger Sie bei einem bestimmten Positiv-Hebel also tun müssen und je mehr Sie damit bewirken, desto interessanter ist er für Sie. Anders gesagt: Hebel ist nicht gleich Hebel. Sie sollten sich vor allem jener bewusst sein, die besonders viel bewirken. Im Extremfall kann das zum Beispiel ein einziger Anruf bei einer bestimmten Person sein, der die große Wende bringt.

... ABER IN DER RICHTIGEN RICHTUNG

Natürlich gibt es auch Hebel, die unser Ziel negativ beeinflussen, uns davon wegbringen. Oder wir setzen sie ungewollt so ein, dass sie uns schaden. Sie können den Hebel »Schlafenszeit« auch in die andere Richtung ziehen und unter der Woche ab jetzt konsequent bis weit nach Mitternacht Netflix und Co. schauen – dann ist allerdings fraglich, ob Sie morgens ausgeschla-

fen genug für Ihre wichtige Fortbildung sind. Deshalb ist es so wichtig, beim Thema Hebel herauszuarbeiten, welche Schwächen, Nachlässigkeiten oder auch nur vermeintlich harmlose Verhaltensweisen in Wahrheit echte Negativ-Hebel sind, die wir unbedingt vermeiden sollten. Das kann zum Beispiel sein, die wöchentliche informelle Kaffeerunde im Büro als belanglos einzustufen und zu schwänzen – während dort in Wahrheit immer wieder entscheidende Dinge besprochen werden, deren Kenntnis wichtig für unser Ziel ist.

Doch wie finden Sie Ihre Negativ-Hebel heraus? Ganz einfach: Fragen Sie sich einfach, was Sie tun müssten, damit Ihnen all Ihre schönen Ziele und Pläne so richtig um die Ohren fliegen. Sie werden sehen: Wir alle wissen in Wahrheit ziemlich gut, welche Knöpfchen wir drücken müssten, damit es Wumms macht.

Nehmen wir an, Ihr Ziel heißt: Ich bin eine souveräne Führungskraft. Was müssten Sie – rein theoretisch – anstellen, um dieses Ziel am wirkungsvollsten zu torpedieren? Mit welchen konkreten Verhaltensweisen oder Gedanken, auf die Sie sich konzentrieren, würden Sie Ihre Souveränität untergraben, gar einen absolut katastrophalen Auftritt liefern? Was müssten Sie noch tun, um von Ihrem Team, im Führungskreis oder beim Vorstand als völlig führungsunfähig wahrgenommen zu werden?

Es kann einen spürbaren Unterschied machen, sich seiner wichtigsten persönlichen Negativ-Hebel bewusst zu sein – weshalb Sie diese jetzt aufschreiben sollten. Gehen Sie dazu zur gleichnamigen Rubrik auf Seite 198 und schreiben Sie dort auf, was Ihnen zu Ihrem Ziel an Negativ-Hebeln einfällt. Mit welcher inneren Fragestellung Sie dabei arbeiten müssen, wissen Sie ja nun.

Tipp: Werfen Sie auch mal einen Blick auf die in Coachingtag 3 erarbeiteten Hürden und Hemmnisse. Sie können Ihnen Anhaltspunkte für konkrete Negativ-Hebel geben. Gesetzt den Fall, Sie haben die Hürde »fehlendes Kapital«, könnte zum Beispiel ein Negativ-Hebel sein: »Meinen nächsten Urlaub auf Kredit finanzieren.« Weil dann noch mehr Kapital fehlen würde, da Sie nun auch noch Kreditschulden hätten.

Wenn Sie fertig sind, kommen Sie wieder zu dieser Seite zurück.

Was Sie gerade notiert haben, sind erste persönliche Negativ-Hebel – Dinge, die Sie in Bezug auf Ihr Ziel in die falsche, nicht erwünschte Richtung bringen.

Gehen Sie nochmals zur Rubrik »Meine Hebel« auf Seite 199. Finden Sie nun erste Ideen für die rechte Seite also für Ihre Positiv-Hebel – Dinge, die Sie tun oder denken können, die zu Ihrem Ziel beitragen.

Eine Möglichkeit kann sein, sich bei jedem Negativ-Hebel zu überlegen, wie sein positives Gegenteil aussehen würde. Weitere Anregungen finden Sie womöglich in Ihrer Liste an konkreten Ideen und To-dos, die beim vorherigen Erarbeiten Ihres inneren Teams entstanden ist. Nehmen Sie auch Ihre in Coachingtag 3 erarbeiteten Ressourcen (siehe Seite 194) unter die Lupe. Bei der Nachbarin, die in Ihrer Wunschfirma arbeitet, wäre der konkrete Hebel zum Beispiel: »Nachbarin Z. ansprechen und befragen, wie die Personalsituation dort zurzeit ist.«

Wichtig: Seien Sie auch hier nicht zu streng mit sich. Wieder fordern wir etwas von Ihnen, das für Ihren Verstand vermutlich ungewöhnlich ist. Es kommt nicht darauf an, sofort eine eindrucksvolle Sammlung an Hebeln zu erarbeiten – bereits einige wenige sind völlig in Ordnung. Auch hier werden Sie zu einem anderen Zeitpunkt weitermachen.

Geschafft? Herzlichen Glückwunsch! Wieder haben Sie eine Menge geleistet und sind Ihrem Ziel wahrscheinlich schon ein erhebliches Stück näher gekommen.

ENDLICH:

Ihre erste Erfolgsfeier!

Sich die eigenen Erfolge bewusst zu machen, sie zu feiern und auszukosten, ist etwas, das viele Menschen sich nicht zugestehen. Sie sind getrieben von der Vorstellung, dass es immer weitergehen muss, dass sie nicht nachlassen dürften in ihren Bemühungen – nicht einmal für einen Moment. Oder, schlimmer noch: dass der Erfolg, den sie gerade erreicht haben, gar nichts Besonderes sei, dass er es nicht wert sei, gefeiert zu werden.

Aber wenn wir unsere Erfolge (auch die kleinen) nicht genießen – wofür rackern wir uns dann ab? Dafür, dass wir Häkchen auf unserer To-do-Liste setzen können? Dass andere uns toll finden? Nein. Echter Erfolg besteht darin, dass wir selbst zufrieden sind mit dem Erreichten. Wir haben uns etwas vorgenommen, wir haben Zeit und Energie investiert, haben uns vielleicht durch schwieriges Gelände gekämpft, haben Etappensiege errungen und unser Ziel schließlich erreicht.

Das sind doch Gründe, stolz auf uns zu sein! Jeder Zwischenschritt auf dem Weg zum Erfolg ist bereits ein Erfolg. Würdigen wir also auch die kleinen Zwischenstufen und belohnen wir uns!

Genau darum geht es bei der kleinen Feier, die heute Abend bei Ihnen ansteht. Was immer Sie sich dafür ausgedacht haben – ein schönes Essen, einen Spaziergang im Wald, einen besonders edlen Tropfen:

Genießen Sie es!

DER NACHBAR

Franz Kafka

Mein Geschäft ruht ganz auf meinen Schultern. Zwei Fräulein mit Schreibmaschinen und Geschäftsbüchern im Vorzimmer, mein Zimmer mit Schreibtisch, Kasse, Beratungstisch, Klubsessel und Telephon, das ist mein ganzer Arbeitsapparat. So einfach zu überblicken, so leicht zu führen. Ich bin ganz jung und die Geschäfte rollen vor mir her. Ich klage nicht, ich klage nicht.

Seit Neujahr hat ein junger Mann die kleine, leerstehende Nebenwohnung, die ich ungeschickterweise so lange zu mieten gezögert habe, frischweg gemietet. Auch ein Zimmer mit Vorzimmer, außerdem aber noch eine Küche – Zimmer und Vorzimmer hätte ich wohl brauchen können – meine zwei Fräulein fühlten sich schon manchmal überlastet –, aber wozu hätte mir die Küche gedient? Dieses kleinliche Bedenken war daran schuld, daß ich mir die Wohnung habe nehmen lassen. Nun sitzt dort dieser junge Mann. Harras heißt er. Was er dort eigentlich macht, weiß ich nicht. Auf der Tür steht: »Harras, Bureau«. Ich habe Erkundigungen eingezogen, man hat mir mitgeteilt, es sei ein Geschäft ähnlich dem meinigen. Vor Kreditgewährung könne man nicht geradezu warnen, denn es handle sich doch um einen jungen, aufstrebenden Mann, dessen Sache vielleicht Zukunft habe, doch könne man zum Kredit nicht geradezu raten, denn gegenwärtig sei allem Anschein nach kein Vermögen vorhanden. Die übliche Auskunft, die man gibt, wenn man nichts weiß.

Manchmal treffe ich Harras auf der Treppe, er muß es immer außerordentlich eilig haben, er huscht förmlich an mir vorüber. Genau gesehen habe ich ihn noch gar nicht, den Büroschlüssel hat er schon vorbereitet in der Hand. Im Augenblick hat er die Tür geöffnet. Wie der Schwanz einer Ratte ist er hineingeglitten und ich stehe wieder vor der Tafel »Harras, Bureau«, die ich schon viel öfter gelesen habe, als sie es verdient.

Diese Erzählung von Franz Kafka illustriert auf meisterhafte Weise einen Satz des griechischen Philosophen Epiktet. Er gilt heute, im 21. Jahrhundert, mehr denn je: »Nicht die Dinge selbst sind es, die uns unglücklich machen, sondern unsere Vorstellungen von den Dingen.« Unser Blick auf die Welt ist es also, der unser Befinden maßgeblich bestimmt, nicht die Umstände selbst. Diese können so oder anders sein. Entscheidend ist, wie wir sie wahrnehmen und in Bezug auf uns selbst bewerten.

Der Erzähler in Kafkas Text gehört unverkennbar zu den Menschen, die der Welt mit Misstrauen begegnen und das Gefühl haben, von anderen übervorteilt und bedroht zu werden. Man braucht nur in den sozialen Medien zu surfen, um zu sehen, wie häufig dieser Menschentyp auch in der heutigen Zeit anzutreffen ist. In der Erzählung löst der – eigentlich unverdächtige – Umstand, dass ein anderer Mann die Nachbarwohnung gemietet und dort sein Büro eröffnet hat, eine Kaskade an Vermutungen und Vorstellungen beim Erzähler aus. Er

Die elend dünnen Wände, die den ehrlich tätigen Mann verraten, den Unehrlichen aber decken. Mein Telephon ist an der Zimmerwand angebracht, die mich von meinem Nachbar trennt. Doch hebe ich das bloß als besonders ironische Tatsache hervor.

Selbst wenn es an der entgegengesetzten Wand hinge, würde man in der Nebenwohnung alles hören. Ich habe mir abgewöhnt, den Namen der Kunden beim Telephon zu nennen. Aber es gehört natürlich nicht viel Schlauheit dazu, aus charakteristischen, aber unvermeidlichen Wendungen des Gesprächs die Namen zu erraten – Manchmal umtanze ich, die Hörmuschel am Ohr, von Unruhe gestachelt, auf den Fußspitzen den Apparat und kann es doch nicht verhüten, dass Geheimnisse preisgegeben werden.

Natürlich werden dadurch meine geschäftlichen Entscheidungen unsicher, meine Stimme zittrig. Was macht Harras, während ich telephoniere? Wollte ich sehr übertreiben – aber das muß man oft, um sich Klarheit zu verschaffen –, so könnte ich sagen: Harras braucht kein Telephon, er benutzt meines, er hat sein Kanapee an die Wand gerückt und horcht, ich dagegen muß, wenn geläutet wird, zum Telephon laufen, die Wünsche des Kunden entgegennehmen, schwerwiegende Entschlüsse fassen, großangelegte Überredungen ausführen – vor allem aber während des Ganzen unwillkürlich durch die Zimmerwand Harras Bericht erstatten.

Vielleicht wartet er gar nicht das Ende des Gespräches ab, sondern erhebt sich nach der Gesprächsstelle, die ihn über den Fall genügend aufgeklärt hat, huscht nach seiner Gewohnheit durch die Stadt und, ehe ich die Hörmuschel aufgehängt habe, ist er vielleicht schon daran, mir entgegenzuarbeiten.

*

Die Erzählung *Der Nachbar* von Franz Kafka wurde vielfach veröffentlicht. Sie finden Sie unter anderem hier: Franz Kafka, Beschreibung eines Kampfes. Novellen, Skizzen, Aphorismen aus dem Nachlaß, Fischer Taschenbuch Verlag, Frankfurt am Main, 1983.

unterstellt dem Nachbarn etwas Verschlagenes, Gefährliches (»Wie der Schwanz einer Ratte ist er hineingeglitten...«), verdächtigt ihn gar, seine Telefonate mitzuhören, auf eine nicht weiter erklärte Weise davon zu profitieren und womöglich längst schon gegen ihn zu arbeiten. Das Skurrile ist, dass wir als Leser nicht einmal erfahren, welcher Art das Geschäft des Erzählers ist, und welches das des verdächtigen Nachbarn. Das tut auch gar nichts zur Sache – vermutlich könnten die beiden in völlig unterschiedlichen Branchen tätig sein, und der Erzähler würde sich trotzdem bedroht fühlen und den anderen geschäftsschädigender Machenschaften verdächtigen.

Ein Phänomen, das auch in Coachings immer wieder sichtbar wird. Regelmäßig kommen hier Probleme zur Sprache, die rein daraus entstehen, dass Klienten Vorstellungen von einer anderen Person, deren Verhalten und Motiven haben, die sich überwiegend im eigenen Kopf abspielen. Alles, was diese andere Person unternimmt (oder unterlässt), dient als Beleg für diese Annahmen.

Nicht selten wird dem anderen unterstellt, er handle aus Bösartigkeit. Es gibt aber auch die Variante, der oder die andere sei krank oder verrückt.

In Fachkreisen heißt das die »Mad/Bad-Strategie« (von englisch »verrückt« beziehungsweise »schlecht«). Damit ist der Versuch gemeint, menschliches Verhalten einzuordnen und erklärbar zu machen, indem man scheinbar schlüssige Gründe für dieses Verhalten findet. Diese laufen darauf hinaus, die andere Person sei »schlecht« oder ticke nicht ganz richtig: »Die ist halt eine verbitterte alte Schachtel« (bad) oder »Der ist einfach verrückt, das merkt man immer wieder« (mad).

Solche Erklärungen haben den Vorteil, dass man sich weiter keine Gedanken über den anderen machen muss. Gleichzeitig kann man sich in der angenehmen Vorstellung wiegen, man selbst sei das Opfer dieser Person und damit moralisch auf jeden Fall überlegen. Der Nachteil dieser Strategie ist, dass man sich in Vorstellungen hineinsteigert, die oft wenig bis gar nichts mit der Realität zu tun haben. Und mit denen es einem am Ende auch nicht wirklich besser geht.

Ein erster Schritt, diesen Wirkmechanismus zu durchbrechen, ist, die eigene Perspektive zu wechseln – die in Wahrheit ja nur eine von vielen möglichen Sichtweisen ist. Indem man sich in den anderen hineinversetzt und sich fragt, welche Gründe (außer den bisher unterstellten) er womöglich stattdessen für sein Verhalten haben könnte, wird man meistens schnell fündig. Das kann zum Beispiel ein unerfülltes Grundbedürfnis sein wie Zugehörigkeit, gesehen werden zu wollen oder Lebendigkeit.

Eine weitere Vorgehensweise, die wir in diesem Buch intensiv anwenden, ist es, in Gedanken mit anderen Menschen zu sprechen. Man kann also jemanden, der die betreffende Person ebenfalls kennt, dem man vertraut und der einen guten Überblick hat, gedanklich im Raum platzieren und ihn oder sie zu seinen Vermutungen über die Person befragen. Egal, welche Methode man verwendet: Entscheidend ist, dass man sich mit ihr aus dem selbst gewebten Gespinst aus Vermutungen, Unterstellungen und Verdächtigungen befreit und wieder einen klareren Blick auf den vermeintlichen »Übeltäter« gewinnt.

Parallel müssen wir uns immer wieder verdeutlichen, dass wir andere Menschen nicht ändern können, sehr wohl aber unsere Haltung und unser Verhalten ihnen gegenüber. Und wie sich im echten Leben immer wieder zeigt: Mit an Sicherheit grenzender Wahrscheinlichkeit wird – wenn wir uns bewegt haben – sich auch beim anderen etwas tun.

Was könnten wir dem Erzähler der Kafka-Geschichte alles zurufen: »Mensch, sprich deinen Nachbarn doch mal an! Frag ihn, wie es ihm in seinem neuen Domizil so geht! Finde heraus, was er tatsächlich tut – und ob das überhaupt eine Bedrohung für dich darstellt! Womöglich bildest du dir alles ein und verschwendest eine Menge Energie auf ein Problem, das gar keines ist. Im Gegenteil, vielleicht ergeben sich sogar Möglichkeiten zur Zusammenarbeit, die für euch beide profitabel sind!«
Schade, dass es zu Franz Kafkas Zeiten noch kein Coaching gab.

(Amelie Fried)

»Das eigene Wesen völlig zur Entfaltung bringen: Das ist unsere Bestimmung.«

Oscar Wilde

COACHINGTAG 5

Erstes Arbeiten am
AKTIONS-PLAN

- Weitere wesentliche Erkenntnisse

- Noch mehr Hebel

- Beginn Aktionsplan

- Für wen könnten Sie mehr da sein?

- Planung Positiv-Telefonate

- Einen krönenden Abschluss vorbereiten

Tag 5

Wieder einen Schritt näher ans Ziel!

Willkommen zurück, liebe Leserin und lieber Leser.

Schon haben Sie Tag 5 Ihres Selbstcoachings erreicht — toll, dass Sie wieder dabei sind! Heute geht es nochmals um die Frage, was Sie selbst aktiv tun können, um Ihrem Ziel näher zu kommen. Außerdem werden Sie eine wertvolle Grundlage dafür schaffen, dass Sie nach Abschluss Ihres Coachings auch wirklich ins nötige Tun kommen, also in der Praxis umsetzen, was Sie sich erarbeitet haben. Weil

Ihr Coaching natürlich nur dann Wirkung entfalten kann. Und weil es ein ungemein stärkendes Gefühl ist, zu erfahren, dass Sie sich auf sich selbst verlassen können – und Sie sich tatsächlich aktiv um das bemühen, was Ihnen wichtig ist, also in diesem Fall Ihr Coachingziel. Doch zuvor bitten wir Sie, ausnahmsweise eine technische Frage zu klären: Falls Sie ein Smartphone besitzen, das Sie während der Arbeit an diesem Buch in Reichweite haben, prüfen Sie bitte jetzt, ob es mit einer Funktion für Sprachaufnahmen ausgestattet ist (falls Ihnen diese nicht sowieso schon vertraut ist). Machen Sie eine kurze Probeaufnahme, um mit allen Abläufen vertraut zu sein. Wenn Sie kein Smartphone besitzen oder in Reichweite haben, stellen Sie bitte sicher, dass Sie an Coachingtag 6 über ein paar Blatt Papier oder einen Schreibblock verfügen.

Erledigt? Dann sind wir auch schon wieder beim Coaching. Docken Sie jetzt gedanklich noch einmal bei Ihrer kleinen Zwischenerfolgs-feier von Coachingtag 4 an. Was davon ist Ihnen in besonders ange-nehmer Erinnerung? Welcher Moment hat Sie berührt? Was haben Sie auch an dieser Stelle wieder Wertvolles oder Hilfreiches über sich erfahren – selbst wenn es nur vermeintliche Kleinigkeiten sind? Halten Sie nachfolgend in wenigen Worten Ihre Antworten fest.

Was mir von meiner Feier in besonders angenehmer Erinnerung ist:

-------------- --

-------------- --

-------------- --

-------------- --

-------------- --

-------------- --

Welcher Moment mich berührt hat:

-------------- --

-------------- --

-------------- --

**Was ich bei meiner Feier Wertvolles/Hilfreiches
über mich erfahren habe:**

-------------- --

-------------- --

-------------- --

-------------- --

-------------- --

Es ist auch völlig in Ordnung, wenn Ihr Event nicht so toll gelaufen
ist oder gar kurzfristig ausfallen musste. Oder falls Sie auf diese Aufgabe
gar keine Lust hatten. Was werden Sie stattdessen tun? Welche
hilfreiche Erkenntnis ziehen Sie daraus? Auch dies bitten wir Sie hier
aufzuschreiben.

Was ich anstelle meiner Zwischenerfolgsfeier nachträglich tun werde:

**Hilfreiche Erkenntnisse aus der Tatsache, dass meine Feier nicht so
toll war/nicht stattgefunden hat:**

Weil wir gerade beim Thema hilfreiche Erkenntnisse sind: Einmal mehr ist jetzt Gelegenheit, zu überlegen, welche weiteren grundlegenden Einsichten und Erkenntnisse Ihnen gekommen sind, seit Sie mit diesem Buch arbeiten. Erkenntnisse, die es lohnt, schriftlich festzuhalten – zum Beispiel über Sie selbst, über Menschen, mit denen Sie verbunden sind, oder über Ihre derzeitige Situation.

Bitte gehen Sie dazu wieder auf die Rubrik »Erkenntnisse« auf Seite 200 und tragen Sie ein, was Ihnen heute zusätzlich einfällt.
Schlagen Sie die Seite auf jeden Fall auf, auch wenn Sie denken, da würde jetzt nichts mehr kommen. Geben Sie sich zumindest eine Minute Zeit und schauen Sie, was in Ihnen auftaucht. Falls sich keine weiteren Eingebungen zeigen, ist dies – wie immer – völlig in Ordnung. Bitte fahren Sie dann einfach fort.

Auch die nächste Aufgabe wird Ihnen bereits vertraut vorkommen (und damit umso leichter fallen):
In einer zweiten Runde können Sie jetzt weitere Positiv-Hebel entdecken, die Sie in der Hand haben, um Ihrem Ziel näher zu kommen – etwas, was Sie bereits von Coachingtag 4 kennen.

Sofort aktiv werden – AUCH OHNE »ECHTEN« COACH

Warum wir erneut darauf zurückkommen, hat zwei Gründe: Zum einen bilden die Positiv-Hebel ein zentrales Ergebnis Ihres Coachings. Denn das sind Dinge, die Sie ganz konkret und aktiv tun können, um weiterzukommen. Hier können Sie sofort aktiv werden und sind nicht auf das Handeln anderer Menschen oder auf bestimmte Umstände angewiesen, die Sie vielleicht erst einmal abwarten müssen. Sehr wahrscheinlich haben Sie beim ersten Bearbeiten dieser Aufgabe schon so manches Ergebnis gefunden.

Erfahrungsgemäß tauchen jedoch oft weitere Ideen auf, sobald ein wenig Zeit vergangen ist und wir uns mit frischem Blick ans Werk machen. Außerdem gleicht ein bewusst intensiveres Beschäftigen mit den Hebeln ein wenig das Manko aus, dass Ihnen – anders als in einem echten Coaching – kein realer Coach zur Seite steht, der durch hartnäckiges Nachfragen Ihre Produktivität anregt.

Die Wiederholung ist ein grundsätzliches und wichtiges Merkmal von Coaching. Denn hier kommt es nicht nur darauf an, (sich) die richtigen Fragen zu stellen, sondern auch an ihnen dranzubleiben, sich ruhig mehrmals damit zu beschäftigen. Auch wenn der Verstand glaubt, da käme nichts mehr und alles sei schon gesagt. Nach unserer Erfahrung geht es ab diesem Punkt oft erst richtig los. Daran erkennen Sie übrigens auch gute Coaches: Sie haben keine Angst, zu »nerven«, und kommen bei wesentlichen Fragen womöglich fünfmal oder gar noch öfter ebenso freundlich wie hartnäckig darauf zurück (»Und was fällt Ihnen noch dazu ein?«).

HILFE VOM UNTERSTÜTZERTEAM

Damit diese Aufgabe eine neue Note bekommt, erhalten Sie heute Begleitung. Mit Ihrem Unterstützerteam in der gleichnamigen Rubrik auf Seite 192 haben Sie ja einige Personen, die Sie hierzu befragen können. Das wird ein wenig Hin- und Herblättern zwischen den einzelnen Rubriken erfordern. Die Mühe wird sich aber vermutlich lohnen und noch manch ungeahnten weiteren Hebel ans Tageslicht bringen, auf den Sie sonst vielleicht nie gekommen wären.

Dieses innere »Befragen« anderer Personen, die Sie sich gedanklich vorstellen, ist übrigens auch ein nützliches kleines Flexibilitätstraining für den Geist. Denn hier ist eine Art zu denken gefordert, die wir im normalen Leben in der Regel kaum praktizieren – wer hat im Alltag schon ein virtuelles Unterstützerteam, mit dem er regelmäßig kommuniziert? In diese Idee muss man sich erst einfinden, das ist für die meisten Menschen etwas Neues. Deshalb ist es eine gute Anregung für die eigene Kreativität.
Gerade wenn Sie Prominente oder Persönlichkeiten der Zeitgeschichte im Geiste »befragen«, kann sich außerdem ein überraschend erhebendes Gefühl einstellen, wenn der Dalai-Lama, Angela Merkel, Bill Gates oder Madonna tatsächlich »antworten«. Oder wenn sich gar ein längerer Dialog daraus ergibt.

Gehen Sie also jetzt auf Seite 192, wo Sie Ihr Unterstützerteam finden. Befragen Sie nun jede Person der Reihe nach, welchen Ratschlag sie bereithält, was Sie konkret tun können, um Ihrem Ziel näher zu kommen – zusätzlich zu den Ideen, die Sie auf Seite 199 im Bereich »Positiv-Hebel« bereits aufgeschrieben haben.

Bevor Sie loslegen, noch mal zur Erinnerung: Positiv-Hebel für Ihr Ziel können einerseits konkrete Maßnahmen und Handlungen im Außen sein. Ebenso möglich – und bisweilen sogar noch wichtiger – sind aber unterstützende innere Haltungen, positive Glaubenssätze und Maximen, die für Sie – mit Blick auf Ihr Ziel – ebenso wahr und richtig wie förderlich sind (»Die meisten Menschen merken gar nicht, wenn ich auf der Bühne aufgeregt bin«, »Auch mit 50 stehen mir enorm viele Wege offen«). Und die Sie sich ab jetzt zu eigen machen, quasi in Ihr »Betriebssystem« integrieren. Denn: Was wir denken wollen, können wir frei entscheiden. Ihre persönlichen hilfreichen Wahrheiten, die Sie auf diese Weise gefunden haben, sollten Sie sich in der Praxis immer wieder bewusst vergegenwärtigen, etwa in Form eines kleinen Zettels an Ihrem PC-Monitor oder als laminiertes Kärtchen in Ihrer Geldbörse, das Sie täglich sehen (ein Punkt, auf den wir später noch einmal zurückkehren werden).

Wichtig: Achten Sie beim Befragen Ihrer »Unterstützer« darauf, dass Sie in Gedanken die andere Person wirklich vor sich »sehen«, bevor Sie loslegen. Stellen Sie sich am besten ihre konkrete Anwesenheit vor, zum Beispiel, wie Ihre Arbeitskollegin Stephanie, Ihr Kumpel Thomas oder Angela Merkel im Stuhl gegenübersitzen. Wenn möglich, stellen Sie einen echten Stuhl vor sich auf oder bestimmen Sie im Geist einen sonstigen Platz, auf dem Sie Ihre Gesprächspartner der Reihe nach gedanklich platzieren (zum Beispiel den leeren Liegestuhl neben Ihnen). Wie im echten Leben beginnen Sie dann am besten mit einer laut ausgesprochenen oder zumindest gedachten Begrüßung: »Hallo Frau

Merkel, schön, dass Sie da sind.« – »Hi, Steffi, freut mich, dich zu sehen!« Stellen Sie dann Ihre Frage in direkter Anrede: »Was raten Sie/was rätst du mir, was ich tun kann, um mein Ziel zu erreichen?«

Dabei ist es auch hier völlig normal und in Ordnung, wenn nicht gleich eine Antwort erfolgt. Eine alte Coachingweisheit besagt: In der Stille geschieht die Arbeit. Lassen Sie sich deshalb nach der Frage Zeit und warten Sie ab, was sich zeigt. Bisweilen »sagen« Unterstützer auch erst einmal etwas völlig anderes, was gar nicht zu Ihrer Frage passt, zum Beispiel: »Ich bin ganz schön unter Stress! Was soll ich denn hier?« Bleiben Sie in diesem Fall einfach weiter dran und zeigen Sie Verständnis. Fragen Sie Ihre Kollegin Steffi oder Frau Merkel dann erneut höflich, was sie Ihnen rät, was Sie konkret tun können, um Ihrem Ziel näher zu kommen.

Schreiben Sie alle Antworten, die Sie als hilfreich und für sich passend und stimmig empfinden, in der Spalte »Positiv-Hebel« der Rubrik »Meine Hebel« auf Seite 199 auf. Wenn Sie wollen, können Sie Personen aus Ihrem Unterstützerteam, die Sie persönlich gut kennen, zunächst auch nach dem einen oder anderen weiteren Negativ-Hebel befragen – also nach Dingen, die Sie tunlichst unterlassen sollten, weil sie Sie von Ihrem Ziel entfernen. Und die Sie bis jetzt vielleicht gar nicht so auf dem Radar hatten.

Dies erfordert nun ein wenig Hantieren mit diesem Buch, da Sie zwischen den Rubriken »Unterstützerteam« und »Meine Hebel« hin- und herspringen müssen.

Und natürlich ist uns klar: Wieder verlangen wir eine ungewöhnliche kleine Verrücktheit, die Ihrem Verstand vielleicht einiges an Toleranz abverlangt. In diesem Fall dürfen Sie die Tatsache, dass Sie trotzdem drangeblieben sind, schon einmal im Hinterkopf notieren – und zwar auf der Liste der Dinge, die Sie am Ende der Arbeit mit diesem Buch feiern werden. Denn natürlich, so viel wird hier schon mal verraten, werden Sie sich selbst auch zu einer kleinen Abschlussparty einladen.

Sie sind mit allen Mitgliedern Ihres Unterstützerteams durch? Sie haben noch den einen oder anderen Positiv-Hebel gefunden – selbst wenn's nur einer ist? Das war vermutlich ein ziemliches Stück Arbeit. Deshalb haben Sie sich jetzt eine Pause von mindestens 5 Minuten verdient, bevor es zur nächsten Aufgabe geht.

»Es gibt nichts Gutes, außer man tut es«, schrieb Erich Kästner schon vor mehr als 70 Jahren in seinem Epigramm »Moral«. Auch im englischsprachigen Raum gilt *to walk the talk* zu Recht als Tugend: Nach dem Erarbeiten guter Ergebnisse im Coaching kommt es darauf an, diese auch tatsächlich anzugehen, was Ihr konkretes Handeln erfordert. Ein Punkt, der durchaus Schwierigkeiten bereiten kann. Denn beim praktischen Umsetzen sind Sie wieder auf sich gestellt. Ein echter Coach wird garantiert nicht für Sie Ihre Fortbildung buchen, Ihre frühere Arbeitskollegin anrufen, nach einer Ernährungsberatung recherchieren oder den Termin bei einem Fachanwalt organisieren.

Und natürlich gibt es da den Alltag mit seinen unzähligen Anforderungen und Ablenkungen, die jeden Tag ausfüllen und einen schnell wieder in den gewohnten Strudel ziehen. Während das Coaching mit seinen Erkenntnissen und Hebeln langsam, aber sicher verblasst, und das

Leben weitergeht wie zuvor. Obwohl Sie doch etwas Wesentliches verändern und verbessern wollten. Und schon so viel erarbeitet hatten.

Umgekehrt kann es ein großartiges Gefühl sein, systematisch Schritt für Schritt die Ergebnisse seines Coachings in die Tat umzusetzen – und zu erleben, wie diese ihre Wirkung zu entfalten beginnen. Dass zum Beispiel die selbst erarbei- teten Positiv-Hebel tatsächlich funktionieren. Und es bei manchen sogar richtig Spaß macht, sie einzusetzen, weil sie so gut zu einem pas- sen. Zum Beispiel ab jetzt in Meetings (sobald Sie dran sind) hin und wieder bewusst so lange zu schweigen, bis es Ihnen selbst schon einen Tick zu lange vorkommt – und erst dann mit dem Sprechen zu beginnen. Wodurch Sie eine ganz andere Aufmerksamkeit bekommen.

ERSTER SCHRITT INS TUN:

Der Aktionsplan

Damit Ihr Coaching mit diesem Buch seine volle Wirkung entfalten kann, werden Sie deshalb jetzt Ihren Aktionsplan erstellen – Ihren ganz persönlichen Plan, mit dem Sie klar und übersichtlich parat haben, was im Anschluss an dieses Coaching für Sie konkret zu tun ist. Damit Sie die Sicherheit haben, sofort loslegen zu können, und Sie nichts mehr unnötig aufhält. Gleichzeitig steht diese Aufgabe für ein erneutes wertvolles Reflektieren über Ihre Ergebnisse und Erkenntnisse, was diese umso nachhaltiger macht.

Wir sind sicher, diese Aufgabe wird Ihnen nicht allzu schwerfallen, denn Sie haben dafür in den vergangenen Coachingtagen schon eine Menge Vorarbeit geleistet. Vermutlich fallen Ihnen bereits spontan erste To-dos ein – zum Beispiel Anrufe, die Sie tätigen, Bücher, die Sie lesen, oder Online-Trainings, an denen Sie teilnehmen werden. Ein weiterer Punkt für Ihren Aktionsplan kann zum Beispiel sein, die eine oder andere hilfreiche Wahrheit klein auf Papier auszudrucken, zu laminieren und als Gedankenstütze unauffällig am Schreibtisch oder im Kühlschrank zu platzieren.

Gehen Sie dazu bitte jetzt auf Seite 202 zur Rubrik »Aktionsplan«. Schreiben Sie dort alles auf, was Sie konkret angehen, organisieren und unternehmen werden, um Ihr Ziel zu pushen. Eine wesentliche Quelle dafür werden Ihre Positiv-Hebel aus der gleichnamigen Rubrik von Seite 199 bilden. Manche davon können Sie vielleicht sogar eins zu eins übernehmen. Andere brauchen Sie nur noch zu konkretisie-

ren, zum Beispiel den Hebel »Mit Leuten telefonieren, die sich zu meinem Ziel auskennen« in das konkrete To-do umformulieren: »Christine Müller, Markus Schneider und Ines Garcia anrufen« (die allesamt Hilfreiches dazu sagen können). Falls Sie, um bei diesem Beispiel zu bleiben, noch keine Experten kennen, könnte Ihr konkretes Tun auch lauten: »drei passende Experten aus meinem Umfeld herausfinden und um Telefontermine bitten«.

Bei hilfreichen inneren Wahrheiten, die Sie gefunden haben, sollten Sie in Ihrem Aktionsplan eintragen, was Sie tun werden, damit diese mehr Teil Ihres Denkens werden. Nicht wenige unserer Klienten, die sich eine »Rückenwind-Wahrheit« im Coaching erarbeitet haben, basteln sich tatsächlich ein unauffälliges kleines Schild oder Symbolbild, das sie an einem geeigneten Ort platzieren. Auch die eine oder andere unterstützende Erkenntnis lohnt womöglich, auf diese Weise festgehalten zu werden, damit Sie sie für die nächste Zeit im Blick haben.

Womöglich fallen Ihnen spontan auch noch weitere Dinge ein, die Sie tun können. Oder Sie befragen auch hier Ihr Unterstützerteam von Seite 192, welche Empfehlungen für konkrete Maßnahmen und Handlungen es Ihnen gibt. Picken Sie sich die besten davon heraus und nehmen Sie sie in Ihren Aktionsplan auf.

Bitte achten Sie bei allem, was Sie in Ihrem Aktionsplan eintragen, darauf, dass es so konkret wie möglich formuliert ist. Also nicht: »Demnächst mal mit ein paar Leuten reden, die so was Ähnliches schon mal versucht haben.« Sondern: »drei Unternehmen herausfinden, die zu meinem Ziel passen, und Termine mit dem Leiter der Marketingabteilung vereinbaren«. Am Ende sollte Ihr Aktionsplan so klar und eindeutig sein, dass Sie nicht mehr groß überlegen müssen, wenn Sie ihn später in die Hand nehmen, sondern jeden Punkt sofort angehen können.

Ganz wichtig: Auch mit dieser Aufgabe müssen Sie heute nicht »fertig« werden (ein Anspruch, der generell eher hinderlich wäre – wer kann denn sagen, wann dieses »fertig« erreicht ist?). Sie werden noch eine zweite Gelegenheit haben, daran zu arbeiten, bei der Ihnen bestimmt noch ein paar zusätzliche Punkte einfallen.

Das Umsetzen Ihres Aktionsplans beginnt übrigens, sobald Sie alle 7 Coachingtage durchgearbeitet haben. Falls Sie lieber gleich loslegen wollen, ist das auch kein Problem: Schnappen Sie sich die ersten ein oder zwei To-dos, auf die Sie richtig Lust haben (und die sich jetzt schon gut anpacken lassen).

Sie haben Ihren Aktionsplan in einem ersten Durchgang ausgearbeitet? Wunderbar, dann ist es nun Zeit für einen Perspektivwechsel.

VOM ICH ZUM WIR

Der Natur des Coachings entsprechend ging es bis jetzt immer um Sie – Ihr Anliegen, Ihre Bedürfnisse, Ihre Wünsche, Ihr Ziel. Das ist auch gut so. Denn auf einer übergeordneten Ebene bedeutet Coaching, gut für sich selbst zu sorgen, sich gut um sich selbst zu kümmern – in einem gesunden Maß. Was auch ein wesentlicher Bestandteil davon ist, erwachsen zu sein. Denn dazu gehört, im Rahmen seiner Möglichkeiten selbst die Verantwortung für sich und sein Lebensglück zu übernehmen. Das ist zum Beispiel wesentlich klüger, als auf den sprichwörtlichen Lottogewinn zu warten, oder darauf, dass andere sich unserer Wünsche und Anliegen annehmen (am besten, ohne dass wir etwas zu sagen brauchen). Es kann auch in Ihrem Umfeld eine nicht zu unterschätzende Vorbildwirkung haben, wenn Sie auf der Basis Ihres Coachings Ihr Leben verstärkt selbst in die Hand nehmen und zum Besseren verändern.

Dabei kommt es aber auf ein gutes Gleichgewicht an. Der Vorwurf an unsere moderne Gesellschaft, wir seien zu lauter Selbstoptimierern »verkommen«, die alle nur noch an das eigene Glück denken, ist nicht ganz von der Hand zu weisen. Deshalb laden wir Sie ein, an dieser Stelle ein gewisses Ausgleichselement zu Ihrem Coaching einzuführen.

Überlegen Sie sich bitte jetzt bis zu drei Menschen, für die Sie in der nächsten Zeit bewusst etwas mehr da sein wollen, und die sich darüber freuen würden. Das muss nicht zwingend intensive Hilfe und Unterstützung bedeuten. Sehr viel können Sie bereits geben, wenn Sie für jene Kollegin im Betrieb, die gerade eine harte Zeit durchmacht, ein bewusst empathischer Zuhörer sind. Oder wenn Sie hie und da eine gemeinsame Unternehmung mit dem Nachbarn anregen, der Ihnen etwas einsam vorkommt. Weder brauchen Sie dabei großartig Ratschläge geben noch müssen Sie die Probleme des anderen lösen. Allein Ihre Präsenz, Ihre Aufmerksamkeit und Ihre Zeit können bereits ein echtes Geschenk sein.

Sich auf solch einfache Weise um andere Menschen zu kümmern, kann nicht nur ein sinnvoller Ausgleich zur intensiven (Coaching-) Arbeit am eigenen Lebensglück sein. Es ist auch gut möglich, dass Sie daraus zusätzlich Energie schöpfen. Weil es sehr erfüllend sein kann, wenn sich ein anderer Mensch sichtlich freut über die gemeinsame Zeit. Und weil es der menschlichen Seele guttut, immer wieder auch bewusst für andere da zu sein.

Bitte überlegen Sie sich dazu jetzt bis zu drei Menschen, die sich über ein wenig mehr Begleitung, Präsenz und Aufmerksamkeit von Ihnen mit Sicherheit freuen würden:

Menschen, die sich freuen würden, wenn ich mehr für sie da wäre:

1. ....

....

2. ....

....

3. ....

....

Überlegen Sie auch konkrete Maßnahmen für diese Menschen, die Sie bitte gleich auf Seite 202 in Ihren Aktionsplan eintragen (X auf einen Plausch anrufen, Y ins Café einladen, mit Z zu einem Spaziergang verabreden, ihm ein bestimmtes Buch schenken etc.) – immer mit dem Gedanken, dass es sich nicht zwingend um eine einmalige Aktion handelt, sondern das Potenzial besteht, dass Sie über eine längere Zeit mehr miteinander im Kontakt sind. Zur beiderseitigen Freude.

POSITIVE VERSTÄRKER SUCHEN

Jetzt dürfen Sie sich auch schon wieder auf sich selbst konzentrieren – und sich drei weitere Personen überlegen.

Dieses Mal geht es um Menschen, die Ihnen wohlgesinnt und mit Ihnen als Person gut vertraut sind sowie eine angenehm positive und unterstützende Grundhaltung besitzen. Es sollten zudem Menschen sein, denen Sie ein wenig von Ihrem Coaching und vor allem von Ihrem Ziel erzählen können – und die Sie dabei mit hoher Sicherheit bestärken und sich mit Ihnen über Ihre Erfolge freuen werden. Denn mit mindestens einem davon werden Sie an Coachingtag 6 telefonieren, wenn alles klappt.

Zugegeben eine Aufgabe, die vielleicht nicht ganz einfach ist. Nicht allen ist es vergönnt, derartige Menschen im Umfeld zu haben. Bei genauerem Nachdenken findet sich vielleicht dennoch jemand. Etwa der ehemalige Kollege, mit dem Sie sich damals so gut verstanden haben. Und der bestimmt versteht, worum es Ihnen geht – und Sie von Herzen bestärken wird bei Ihrem jetzigen Vorhaben. Oder vielleicht haben Sie eine passende Person in Ihrem Unterstützerteam – mit der Sie ja in Gedanken schon intensiv »gearbeitet« haben? Dieser »echten« Person von den vielen tollen Impulsen zu berichten, die sie Ihnen in Ihrem Gedankenspiel bereits gegeben hat, kann für diese eine große Freude sein und Ihrem Telefonat eine besonders berührende Note verleihen.

Bitte schreiben Sie hier alle positiven Menschen auf, die Sie anrufen können – und die Sie mit ziemlicher Sicherheit bestärken werden bei Ihrem Vorhaben (maximal drei Nennungen):

Menschen, die mich bei meinem Vorhaben bestärken werden:

1.

2.

3.

Wenn Sie jetzt noch Lust und Energie haben, können Sie allen Personen auf Ihrer Liste per Handy schon mal eine Nachricht schicken, ob sie an Coachingtag 6 Zeit für ein kurzes Telefonat hätten. In diesem Fall müssen Sie zuvor verbindlich festlegen, wann Sie den sechsten Tag absolvieren wollen, falls Sie Ihre Coachingtage bis jetzt eher flexibel ausgewählt haben. Ansonsten haben Sie hier genug getan und es geht weiter mit dieser Aufgabe an Coachingtag 6.

Wieder haben wir Ihnen einiges an Arbeit zugemutet – danke, dass Sie sich auf alles eingelassen haben! Dafür sind wir jetzt auch schon bei der letzten Aufgabe für heute angelangt. Und bei der geht es ganz um das Thema Freude: Sie dürfen die Abschlussfeier Ihres Coachings planen, zu der Sie sich am Ende von Coachingtag 7 einladen!

Dass Feiern guttut, haben Sie bei Ihrer Zwischenerfolgsfeier am Ende von Tag 4 sicher bemerkt. Für Ihre Abschlussfeier möchten wir Sie deshalb ermuntern, ein wenig größer zu planen. Vielleicht gönnen Sie sich jetzt das festliche Menü, ziehen zum ersten Mal Ihr neues Outfit an oder genehmigen sich einen genussvollen abendlichen Ausflug an einen besonderen Ort. Oder Sie treffen sich ganz bewusst

mit einem Menschen, von dem Sie wissen, dass seine Gesellschaft bestärkend und positiv für Sie ist. Und dass Sie nebenbei auch noch Spaß miteinander haben werden.

Bitte beachten Sie: Wenn Ihre Feier im Vorfeld bestimmte Buchungen erfordert, zum Beispiel eine Tischreservierung, ist damit automatisch festgelegt, dass Sie an diesem Datum auch Coachingtag 7 bearbeiten. Wieder einmal ist dieser Punkt vor allem dann wichtig, wenn Sie die Coachingtage nicht hintereinander absolvieren, sondern immer wieder spontan und mit Pausen an diesem Buch arbeiten. In diesem Fall blocken Sie gleichzeitig tagsüber ein entsprechendes Zeitfenster für Ihr Coaching. Ebenso sollten Sie dann gleich das Datum für Coachingtag 6 festlegen, damit dieser verlässlich noch zuvor drankommt.

Achten Sie bei der inhaltlichen Planung Ihrer Abschlussfeier darauf, was Sie aus Ihrer Zwischenerfolgsfeier womöglich mitgenommen haben. Fast schon überflüssig zu sagen, dass Sie natürlich auch hier wieder Ihr Unterstützerteam befragen können. Welchen Vorschlag hätten Frank Sinatra, Jesus, Alice Schwarzer oder Madonna, wie Sie all das angemessen würdigen, was Sie sich bis zum Ende von Tag 7 erarbeitet haben werden? Welche Idee davon berührt Ihr Herz am meisten?

**Meine Abschlussfeier
wird so aussehen:**

....

....

....

....

....

....

....

**Für meine Abschlussfeier werde ich im Anschluss
an dieses Kapitel Folgendes organisieren:**

....

....

....

....

....

....

....

Was ich jetzt sofort tun werde, damit das Organisieren
meiner Abschlussfeier mit Sicherheit klappt:

Großes Kompliment,
Sie haben wieder bis zum Schluss
durchgehalten. Wir sind stolz auf Sie!
Machen Sie's gut, wir sehen uns wieder
zu Coachingtag 6.

UND ES GEHT DOCH!

Michael Simperl

Eines der größten Probleme von Menschen, die etwas in ihrem Leben verändern wollen, ist nicht, dass ihre Ziele zu groß oder ihre Ideen nicht gut genug sind, sondern dass sie zu früh aufgeben. Das steht nicht nur in vielen klugen Büchern, sondern ist auch eine meiner persönlichen Überzeugungen.

Und warum geben so viele Menschen zu früh auf – oft viel zu früh –, obwohl sie beste Chancen auf ein gutes Ergebnis oder gar einen großen Erfolg hätten? Ein häufiger Grund ist: Sie lassen sich von Aussagen anderer entmutigen, die ihnen einreden wollen, dass ihr Projekt sowieso zum Scheitern verurteilt ist. Oder dass die Welt generell nun mal so und so tickt und nicht anders. Das hören sie sich so lange an, bis der eigene innere Zweifel die Oberhand gewinnt und sie beginnen, selbst nicht mehr an sich und ihr Ziel zu glauben. Und so tragen sie eines Tages traurig das Projekt, das ihnen eigentlich so wichtig war, zu Grabe. Weil es ja ganz offensichtlich nichts werden kann damit. Deshalb finde ich es gerade bei anspruchsvollen Vorhaben wichtig, sich bewusst zu machen, dass andere Menschen in ihren Annahmen und Prophezeiungen immer auch danebenliegen können. Und zwar nicht nur ein bisschen, sondern völlig. Wie sich die Dinge angeblich entwickeln werden oder was »garantiert« klappen wird und was nicht, können sie oft genug ebenso wenig voraussagen wie wir selbst. Das gilt für nahe Freunde, Verwandte oder Kollegen genauso wie für hochrangige Persönlichkeiten aus Medien, Wirtschaft und Politik. Vor allem aus dem letzteren Kreis existieren einige spektakuläre Fehlprognosen aus der Vergangenheit, die das anschaulich belegen.

Das heißt nun nicht, dass wir alles und jedes stets in Zweifel ziehen sollen, was wir von anderen hören und lesen. Es geht nur darum, bei Bedarf ein »Gegenmittel« gegen die negativen Einflüsterungen von außen zur Hand zu haben. Und es ist mitunter auch sehr befreiend, gerade von namhaften Managern, Politikerinnen und Stars so manche »Vorhersagen« aus früheren Zeiten zu lesen, die damals im Brustton der Überzeugung vorgetragen wurden – und sich vor Augen zu führen, wie es dann wirklich gekommen ist.

Hier einige meiner persönlichen Favoriten:

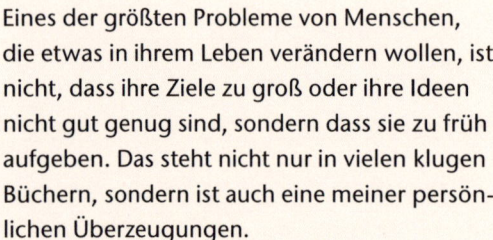

»Es gibt keine Chance, dass das iPhone einen signifikanten Marktanteil erobert. Keine Chance.«

Steve Ballmer, ehemaliger CEO von Microsoft, im Jahr 2007

» Die Mauer wird auch in
50 oder 100 Jahren noch bestehen. «

Erich Honecker, letzter Regierungschef der DDR,
am 19. Januar 1989

» Wir mögen ihre Musik nicht und Gitarrengruppen
werden bald aus der Mode kommen. «

Rückmeldung der Plattenfirma Decca Records aus dem Jahr 1962 an den Manager
der Beatles zu einem zugesandten Demoband

» Das Internet wird nicht mehr Einfluss haben
auf die Wirtschaft als das Faxgerät. «

Paul Krugman, Nobelpreisträger, Zitat aus dem Jahr 1998

» Es wird noch Generationen dauern,
bis der Mensch auf dem Mond landet. «

Sir Harold Spencer Jones, berühmter britischer Astronom,
Zitat aus dem Jahr 1957 (12 Jahre vor der ersten Mondlandung)

» Jede Frau hat Angst vor Mäusen,
daher kann es kein Erfolg werden. «

Louis B. Mayer, Chef der US-amerikanischen Filmfirma Metro-Goldwyn-Mayer,
vor der Kinopremiere des ersten Micky-Maus-Films im Jahr 1928

» Ich denke, dass es einen Weltmarkt
für vielleicht fünf Computer gibt. «

Thomas Watson, Chef von IBM,
in einer Prognose von 1943 über den Computermarkt der Zukunft

COACHINGTAG 6

Am AKTIONSPLAN feilen und POSITIV-ANRUFE tätigen

- Energie stärken

- Aktionsplan ergänzen

- Strategien gegen Miesepeter

- Positiv-Anrufe tätigen

- Vorbereiten einer ganz besonderen Rede

Tag 6

Es ist Ihr Ziel, und deshalb ist es wichtig!

Willkommen zurück, liebe Leser!

Heute ist der vorletzte Tag Ihres Selbstcoaching-Programms – den allergrößten Teil der Wegstrecke haben Sie also bereits zurückgelegt.

Wie geht es Ihnen?

Sind Sie voller Energie und Tatendrang und können es kaum erwarten, weiter vorwärts zu stürmen? Oder erleben Sie gerade eine Durststrecke und wünschen sich einen Motivationsschub?

Haben Sie womöglich Zweifel, ob Ihr Ziel das richtige ist? Ob es zu groß ist oder zu klein?

Ganz egal, was Sie sich vorgenommen haben: Es ist Ihr Ziel, und allein deshalb ist es wichtig. Die Größe eines Zieles bemisst sich nicht daran, wie spektakulär oder außergewöhnlich – oder umgekehrt wie klein – es auf andere wirken mag, sondern daran, wie sehr es zur Verbesserung unseres ganz persönlichen Befindens beiträgt. Die Wertigkeit, die wir unserem Ziel zumessen, ist individuell, und niemand außer uns selbst kann sie bestimmen.

Auch ist es nicht so, dass die Befriedigung über das Erreichen eines Vorhabens größer wird, je größer das Vorhaben ist.

Viel wichtiger ist, dass wir es möglichst weit schaffen, das umzusetzen, was wir uns vorgenommen haben. Also bei unserem Ziel zumindest ein gutes Stück voranzukommen. Es ist vor allem das Gefühl von Selbstwirksamkeit, auf das es ankommt, also die Erfahrung, dass wir Einfluss auf unser Leben nehmen und es aktiv verbessern können (statt vermeintliches »Opfer« von Umständen zu sein). Eine Qualität, die erfahrungsgemäß wesentlich zu unserer Lebenszufriedenheit beitragen kann.

INS ZIELBILD HINEINGEHEN

Das Schöne am Coaching ist, dass wir dabei jederzeit »zu unserem Ziel hinspüren« können und dürfen – auch zwischendurch. Das kann ganz wichtig sein, zum Beispiel um neue Energie aufzubauen fürs Dranbleiben und Weitermachen. Auch in der Arbeit mit einem »echten« Coach kann es vorkommen, dass Sie im Lauf des Coachingprozesses bisweilen gebeten werden, noch einmal in Ihr Zielbild hineinzugehen. Und genau zu beschreiben, was alles damit verbunden sein wird, wenn Sie es geschafft haben. Genau das ist Ihre erste Aufgabe für heute: Lehnen Sie sich doch mal bequem zurück – zum Beispiel in Ihrem Liegestuhl –, schalten Sie innerlich einen Gang runter und konzentrieren Sie sich auf Ihr Ziel. Malen Sie sich genau aus, wie es sein wird, wenn Sie dort angekommen sind.

Lassen Sie sich dafür bewusst etwas Zeit – so lange, bis Sie richtig »drin« sind in Ihrem Bild.

Beantworten Sie dann bitte die folgenden Fragen:

Was wird anders und besser in Ihrem Leben sein, wenn Sie Ihr Ziel erreicht haben?

Welches Lebensgefühl werden Sie haben?

Wie werden Sie aussehen?

Woran wird man in Ihrem Gesicht erkennen,
dass Sie Ihr Ziel erreicht haben?

Was wird an Ihrem Körpergefühl anders sein?

Blicken Sie dann in Gedanken von außen auf sich selbst – auf die »Version«
von Ihnen, die das Ziel schon erreicht hat. Stellen Sie sich vor,
wie andere Sie wahrnehmen und erleben werden.

**Was sind die drei wichtigsten positiven Veränderungen, die Sie –
mit Blick von außen – an Ihrem Selbst aus der Zukunft feststellen?**

1.

2.

3.

Welche positiven Reaktionen könnte das bei anderen hervorrufen?

Denken Sie jetzt daran, wie viel näher Sie durch die Arbeit mit diesem Buch Ihrem Ziel schon gekommen sind:

- Sie haben (vielleicht zum ersten Mal) Ihr Ziel klar identifiziert und formuliert.
- Ihnen ist bewusst, über welche Ressourcen Sie bereits verfügen, die Ihnen helfen können, Ihr Ziel zu erreichen.
- Sie haben Ihr zuständiges inneres Team kennengelernt und in einer ersten Runde »auf Kurs« gebracht.
- Sie haben mit einigen interessanten Persönlichkeiten »gesprochen« und deren Tipps und Ratschläge eingeholt.
- Sie wissen, wo möglicherweise Schwierigkeiten auftauchen könnten – und haben erste Ideen, wie Sie ihnen begegnen.
- Vor allem aber wissen Sie, welche Faktoren sich fördernd auf Ihr Vorhaben auswirken können, wenn Sie diese aktiv einsetzen: Ihre Positiv-Hebel.

Wie geht's Ihnen jetzt?

Spüren Sie bewusst in sich hinein. Richten Sie Ihre Aufmerksamkeit auf Ihr Bauchgefühl.

Wir sind ziemlich sicher, dass Sie zumindest eine leichte Freude in sich empfinden werden, vielleicht sogar Begeisterung! Und dass Sie noch einmal neue Energie verspüren, die Sie in den letzten zwei Tagen Ihres Selbstcoachings beflügeln wird.

FÜR EINEN GUTEN START: AM AKTIONSPLAN FEILEN

Kommen wir nun für eine zweite Runde zu Ihrem Aktionsplan. An Tag 5 haben Sie ja bereits intensiv daran gearbeitet. Jetzt bekommen Sie Gelegenheit, noch ein wenig zu feilen. Vielleicht zeigen sich heute ja ein paar weitere Ideen, die festzuhalten sich lohnt. Je mehr solcher Punkte Sie gesammelt haben, desto leichter wird es Ihnen fallen, nach Abschluss des Coachings ins Tun zu kommen und aktiv an der Umsetzung Ihres Zieles zu arbeiten.

Schlagen Sie dazu bitte jetzt Ihren Aktionsplan auf Seite 202 auf. Sehen Sie sich an, was Sie dort bisher an To-dos gesammelt haben. Was fällt Ihnen noch ein, was Sie konkret zur Umsetzung Ihres Zieles tun können? Schreiben Sie alles auf, was Ihnen an sinnvollen Ergänzungen einfällt. Nutzen Sie bei Bedarf auch passende Anteile beziehungsweise Stimmen aus Ihrem inneren Team (siehe Rubrik »Inneres Team« auf Seite 196) oder Personen aus Ihrem Unterstützerteam von Seite 192 – befragen Sie die doch mal zu Ihrem Aktionsplan!

Denken Sie noch einen Schritt weiter: Was könnten Sie zum Beispiel organisieren oder veranlassen, um Ihre Motivation aufrechtzuerhalten, an Ihrem Ziel und Ihren To-dos dranzubleiben? Gibt es gar jemanden, den Sie zu Ihrem offiziellen Sparringspartner ernennen und regelmäßig kontaktieren könnten, damit er Sie immer wieder ein wenig anfeuert? Oder wie wär's mit dem Festlegen kleiner Belohnungen für das Erreichen einzelner Meilensteine? Zum Beispiel so: Wenn ich die Punkte 1 bis 3 erledigt oder Zwischenschritt XY erreicht habe, gönne ich mir meine

Lieblingspralinen/einen Kinobesuch/einen freien Nachmittag/ein Essen in Restaurant Z. Auch das kann und soll in Ihren Aktionsplan hinein! Denn liebevoll mit uns selbst umzugehen und uns gelegentlich etwas zu gönnen, steigert die Motivation spürbar. Weil wir die Arbeit an unserem Ziel mit zusätzlichen angenehmen Gefühlen und Erlebnissen verknüpfen. Ergänzen Sie jetzt Ihren Aktionsplan entsprechend.

Lassen Sie Ihre Gedanken nun noch ein bisschen weiter schweifen. Überlegen Sie, ob es weitere Punkte für Ihren Aktionsplan gibt, die nicht so naheliegend sind, aber dennoch für das Erreichen Ihres Vorhabens eine Rolle spielen könnten.

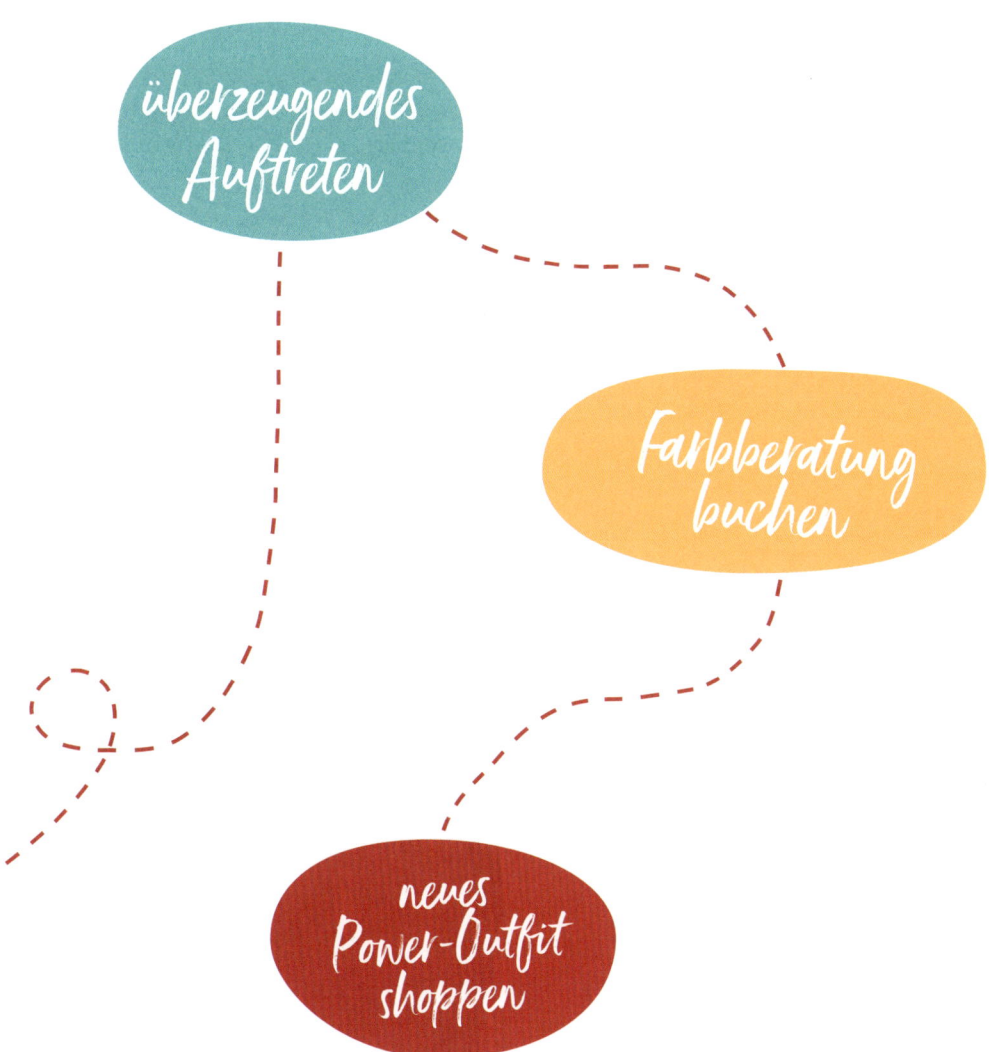

überzeugendes
Auftreten

Farbberatung
buchen

neues
Power-Outfit
shoppen

Wenn gutes Aussehen und überzeugendes Auftreten wichtig für Ihr Ziel sind, könnte ein weiteres To-do zum Beispiel sein, Ihre Garderobe zu überprüfen und gegebenenfalls aufzufrischen. Abgesehen davon, kann ein neues Outfit generell neuen Schwung bringen und Ihre Lust auf Veränderung unterstreichen. Womöglich ist jetzt auch die Zeit für die Stil- und Farbberatung gekommen, mit der Sie schon lange liebäugeln – um herauszufinden, welche Farbtöne und Schnitte Ihre Persönlichkeit wirkungsvoll betonen (eine Investition, die sich übrigens auch für Männer lohnen kann).

Vielleicht müssen Sie in Ihrem Umfeld Dinge ändern – zum Beispiel einen Schreibtisch kaufen und zu Hause einen Arbeitsplatz einrichten, an dem Sie jeden Abend eine halbe Stunde lang Dinge erledigen, die Sie Ihrem Ziel näher bringen. Vielleicht steht auch eine Reise an, etwa, um sich von einem bestimmten Ort Inspiration für Ihr Vorhaben zu holen oder um Ihren Horizont zu erweitern, damit Sie größer und mutiger zu denken beginnen.

Oder gibt es noch Personen, die Sie bei der Erreichung Ihres Zieles weiterbringen könnten und an die Sie bisher noch gar nicht gedacht haben?

Ergänzen Sie auf diese Weise bitte jetzt weiter Ihren Aktionsplan. Die Arbeit daran ist dann im Prinzip abgeschlossen, aber wenn Ihnen später noch nützliche Punkte einfallen, können Sie diese natürlich jederzeit ergänzen.

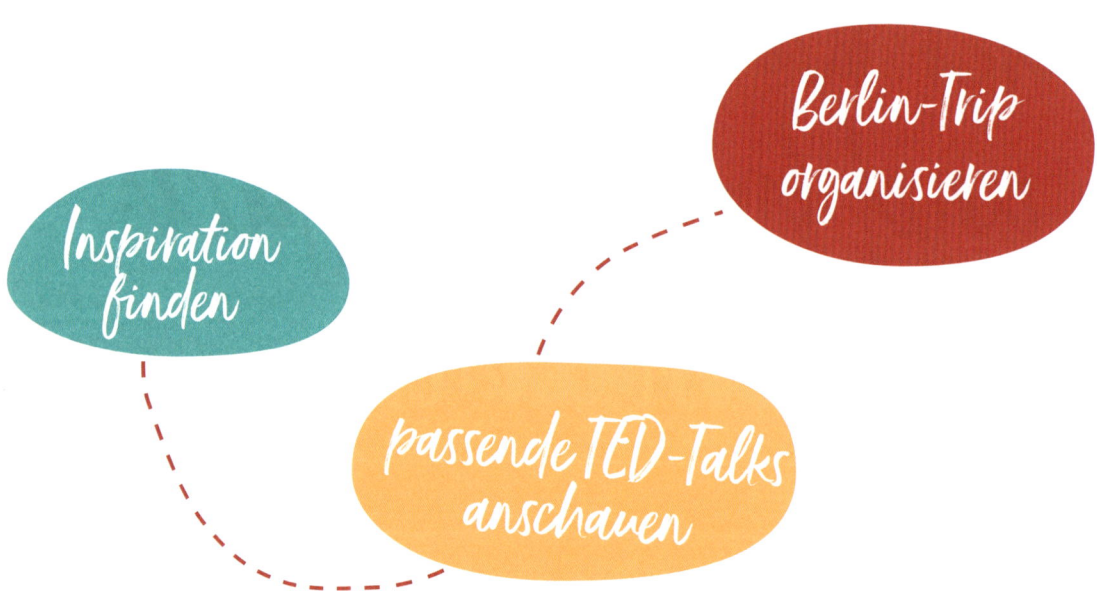

»Alle sagten,
es geht nicht.
Da kam einer,
der wusste das nicht
und hat es einfach
gemacht.«

(Herkunft unbekannt)

 **WIE KOMMUNIZIERE ICH MEIN ZIEL?**

Nun zu einem Thema, das im Zusammenhang mit einem Coaching ein unerwarteter Stolperstein sein kann: nämlich die Art und Weise, wie Sie über Ihr Ziel und Ihr damit verbundenes Selbstcoaching mit anderen sprechen (und ob überhaupt). Und wie Sie auf typische Rückmeldungen reagieren. Denn vermutlich wissen Sie es selbst: Sobald man der Welt eine Idee oder ein Vorhaben präsentiert, gibt es eigentlich immer jemanden, der daran »herumkrittelt« und sich bemüht, das Haar in der Suppe zu finden. Umso wichtiger, solchen Situationen gedanklich vorzugreifen.

Aus langjähriger eigener Erfahrung (als Autoren, beim Arbeiten an eigenen Coachingzielen oder beim Verwirklichen neuer Ideen) möchten wir Ihnen an dieser Stelle einen dringenden Rat geben: Sprechen Sie erst über Ihre Coachingerfahrung und Ihr Ziel, wenn Sie erste greifbare Erfolge bemerken – und dann vor allem mit den richtigen Personen! Diese sollten hinsichtlich Ihres Themas zumindest einigermaßen kompetent sein, einschlägige Erfahrung besitzen und Ihnen als Mensch grundsätzlich wohlgesinnt sein. Dann ist die Chance am größten, dass Sie Feedback erhalten, das hilfreich ist und Sie weiterbringt.

Das ist umso wichtiger, je weiter Sie von Ihrem Ziel noch entfernt sind. Wer sich coachen lässt oder in Eigenregie einer noch jungen Idee nachgeht, weiß ja selbst noch nicht, ob alles wie geplant funktionieren wird.
Das ist, wie wenn Sie einen Berg besteigen. Erst, wenn Sie am Gipfel angekommen sind, können Sie mit Sicherheit sagen, dass Ihre Strategie zu seiner Besteigung aufgegangen ist.

Während des anstrengenden Aufstiegs sind Sie, neben Ihren Körperkräften, voll auf Ihre innere Haltung, Ihren Glauben, Ihr Wissen, Ihren Orientierungssinn und Ihr Zutrauen angewiesen. Ganz besonders gilt dies – Bergwanderer wissen das – in der »zähen« ersten Stunde. Und nun stellen Sie sich vor, dass unterwegs auf Ihrem Handy immer wieder Menschen anrufen, die Ihr Vorhaben infrage stellen oder gar schlechtreden wollen – ob subtil zwischen den Zeilen oder als richtig entmutigende Unglücksgeschichte, die der berühmten »Freundin einer Freundin« angeblich letzte Woche in den Alpen passiert ist. Und dies, während sämtliche Anruferinnen und Anrufer die Berge selbst nur aus dem Fernsehen kennen.

Wenn Sie in einer solchen Situation problemlos und sofort auf Durchzug schalten können: super! Ansonsten brauchen Sie konkrete Strategien gegen potenzielle Miesepeter, die sich vielleicht auch in Ihrem Umfeld in Zusammenhang mit Ihrem Coaching zeigen können. Denn genau können Sie ja im Vorhinein nie wissen, wie jemand auf Ihr Vorhaben und Ihren Weg dorthin reagiert.

Und dann gibt es auch noch Menschen, die einem die eigenen Pläne nicht nur schlechtreden, sondern sich möglicherweise sogar aktiv ihrer Verwirklichung in den Weg stellen. Deshalb empfehlen wir, dass Sie sich an dieser Stelle vorab mit einigen möglichen Motiven hinter einer Kritik beschäftigen. Verinnerlichen Sie dazu am besten schon jetzt die nachfolgenden Fragen und schlagen Sie diese im konkreten Fall immer wieder nach, bevor Sie eine »Kritik« ungefiltert annehmen:

- Geht es dem anderen wirklich um die Sache – oder hat er persönliche Motive (Rivalität, Neid, Angst), die seine Reaktion beeinflussen?
- Kann es sein, dass er oder sie schon lange selbst von einer Veränderung träumt, es aber bisher nicht geschafft hat, diese aktiv anzugehen?
- Wird es Auswirkungen auf diese Person haben, wenn Sie Ihr Ziel erreichen? Macht sie sich vielleicht zu Recht Sorgen darüber, welche das sein könnten?

Wenn Sie zum Beispiel einen größeren Karriereschritt planen, und ihr Lebenspartner reagiert skeptisch, sollten Sie dringend mit ihm darüber sprechen, was diese Veränderung für Ihre Partnerschaft bedeuten wird. Auch im beruflichen Umfeld kann ein klärendes Gespräch im Vorfeld verhindern, dass Gerüchte entstehen, und Sie sich im Extremfall mit einem Gegenspieler konfrontiert sehen, der Ihre Pläne zu torpedieren versucht. Das Terminieren derartiger Gespräche in Job oder Beziehung kann also durchaus ein weiteres To-do für Ihren Aktionsplan auf Seite 202 sein.

Bei konkreter Kritik fragen Sie sich am besten, was das eigentliche Bedürfnis Ihres Gegenübers ist, das hinter seiner skeptischen Haltung versteckt liegt. So können Sie leichter einen Umgang mit seinen Zweifeln finden. Ein Klassiker ist zum Beispiel die ablehnende Reaktion von Eltern auf die beruflichen Wünsche ihrer Kinder. Wenn eine Firma oder eine Praxis da ist, die weitervererbt werden soll, ist es natürlich enttäuschend, wenn der Sprössling plötzlich Künstler werden will.

Oft existieren auch familienspezifische Glaubenssätze wie »Ein Beruf soll keinen Spaß machen, sondern den Mann ernähren« oder

»Wir sind immer eine Familie von Handwerkern gewesen«. Dahinter steht das Bedürfnis familiärer Zusammengehörigkeit, aus der möglichst keiner ausscheren soll. Es macht ja auch Angst, wenn jemand aus den eigenen Reihen plötzlich neue Wege gehen will. Wer weiß, wohin ihn die führen? Wer weiß, was für Veränderungen das nach sich ziehen wird? Oder was, wenn das »schwarze Schaf« mit seinem so ganz anderen Beruf wesentlich erfolgreicher und erfüllter ist (was bei den »Folgsamen« womöglich unangenehme Zweifel an der Richtigkeit des eigenen Lebenskonzeptes hervorruft)?

Auch bei Zielen im privaten Bereich kann einem Gegenwind von womöglich unerwarteter Seite ins Gesicht blasen. Wenn mit meinem Ziel zum Beispiel verbunden ist, meine Stadtwohnung zu kündigen und fortan in einer Landkommune zu leben, hat das massive Auswirkungen auf meine Familie, auf Freunde und Bekannte. Durchaus möglich, dass nicht alle begeistert darauf reagieren. Wenn Sie spüren, dass Angst die treibende Kraft hinter einer Kritik ist, versuchen Sie, verständnisvoll und empathisch zu reagieren. Konstruktive Kritik sollten Sie als Geschenk betrachten, das der andere Ihnen macht. Seien Sie offen, fragen Sie gegebenenfalls nach, was genau er meint. Gut möglich, dass nützliche Anregungen für Sie dabei sind.

Besonders aufmerksam sollten Sie bei jenen Leuten sein, die nur aus Prinzip an Ihren Ideen und Zielen herummäkeln – vielleicht, weil sie das immer und bei allem und jedem so machen. Diese können Sie getrost »abtropfen« lassen. Die haben Ihnen nichts zu geben, sie sollten Ihnen aber auch nichts nehmen. Vor allem nicht die Freude an Ihrem Projekt und das Vertrauen in sein Gelingen.

Womöglich sind Ihnen beim Reflektieren über das Thema Miesepeter ja einige konkrete Personen aus Ihrem Umfeld bewusst geworden, die Ihnen vor diesem Hintergrund durchaus gefährlich werden könnten. Bitte notieren Sie in diesem Fall nachfolgend ihre Namen sowie Ihre jeweilige Strategie, wie Sie entmutigender Kritik, unangebrachtem Pessimismus oder übertriebenem Zweifel begegnen (oder von vornherein verhindern).

Name Person 1: ....
Meine Strategie hinsichtlich dieser Person:

....

....

....

....

....

Name Person 2: ....
Meine Strategie hinsichtlich dieser Person:

....

....

....

....

....

Name Person 3: ....
Meine Strategie hinsichtlich dieser Person:

Danke, dass Sie sich auch auf diese
  Aufgabe eingelassen haben
(und natürlich wünschen wir Ihnen
  an dieser Stelle, dass Sie von jeglicher
Miesmacherei am besten komplett
verschont bleiben).

TELEFONATE MIT DEN POSITIV-VERSTÄRKERN

Und nun zu einem neuen – und erfreulicheren – Thema: An Tag 5 haben Sie sich auf Seite 124 ja bis zu drei Personen aus Ihrem Umfeld überlegt, von denen Sie sich unterstützendes und stärkendes Feedback zu Ihrem Vorhaben erhoffen (die also genau das Gegenteil von Miesepetern sind). Womöglich haben Sie auch schon nachgefragt, wer von ihnen Zeit und Lust für ein Telefonat hat. Wenn Sie schon eine feste Verabredung für ein Gespräch haben – umso besser. Falls nicht, legen Sie jetzt die Reihenfolge fest, in der Sie es gleich auf gut Glück mit einem Anruf probieren wollen. Denn das ist Ihr nächster Job.

Nochmals zur Klarstellung: Die Telefonate, die Sie idealerweise gleich führen werden, dienen dazu, Sie zu ermutigen, Ihr Vertrauen zu stärken, Ihnen noch mehr positive Energie für Ihr Vorhaben zu geben. Genau das sollten Sie am Anfang jedes Gesprächs unbedingt mitteilen (»Ich kenne und schätze dich für deine positive und kompetente Art. Deshalb habe ich mir gedacht, dass mich ein Gespräch mit dir vielleicht ermutigt und bestärkt oder auf sonstige Weise weiterbringt. Ich habe mir nämlich ein besonderes Ziel gesetzt, von dem ich dir gerne kurz erzählen möchte. Würde das für dich gerade passen?«)

Womöglich wird auch diese Aufgabe Sie etwas herausfordern. Denn derartige Gesprächsbitten sind in unserer Gesellschaft eher unüblich. Daher kann auch hier ein Nebennutzen sein, dass Sie sich wieder ein Stück aus Ihrer Komfortzone herausbewegen.

Überlegen Sie nun auch, wie Sie Ihren Anruf weiter aufbauen und Ihrer Freundin oder Ihrem Bekannten Ihr Ziel darstellen.

Mit was für einer Person haben Sie es zu tun? Ist sie eher kopfgesteuert oder emotional? Eher strukturiert oder sprunghaft im Denken? Ist sie mit dem Thema Ihres Zieles schon vertraut oder hört sie zum ersten Mal davon?
Diese und andere Faktoren, die auf die Reaktion Ihres Gegenübers Einfluss nehmen, sollten Sie vorher durchdenken. Dieses Vorgehen empfiehlt sich übrigens für jedes Gespräch, das Sie mit der Hoffnung auf ein bestimmtes Ergebnis führen.

- Seien Sie neugierig und offen.
  Der andere könnte etwas sehen, was Ihnen bisher entgangen ist. Nutzen Sie es!
- Nehmen Sie Zweifel und Einwände ernst.
  Fragen Sie nach, wie der andere darauf kommt und was Sie aus seiner Sicht tun müssten, damit Ihr Vorhaben dennoch erfolgreich wird.
- Vielleicht haben Sie ihren Gesprächspartner auf dem falschen Fuß erwischt und es ist kein guter Zeitpunkt für das Telefonat? In diesem Fall vereinbaren Sie einfach einen anderen Termin. Sollte auch dies nicht möglich sein, verbleiben Sie so, dass Sie sich zu einem späteren Zeitpunkt wieder melden.
  Notieren Sie dies dann als entsprechendes To-do in Ihrem Aktionsplan (»Positiv-Telefonat mit Clara organisieren«).

Wenn Sie positives Feedback und Anerkennung erhalten, genießen Sie es! Fragen Sie ruhig auch nach, was dem anderen an Ihrer Idee besonders gefällt (oder wie Sie sich dabei schlagen), holen Sie sich Streicheleinheiten ab! Nehmen Sie Lob, Komplimente und Wertschätzung bewusst an – eine Fähigkeit, die ein wesentlicher Bestandteil einer reifen Persönlichkeit ist.

Sagen Sie dem anderen dann auch, was Sie an dessen Worten besonders gefreut hat – und warum.

Bedanken Sie sich am Ende ausdrücklich für die Zeit, die der andere Ihnen geschenkt hat, egal, wie das Telefonat inhaltlich verlaufen ist. Bieten Sie an, Ihren Gesprächspartner zu informieren, wie es mit Ihrem Coaching und Ihrem Ziel weitergegangen ist (falls das gewünscht ist: Bitte entsprechendes To-do im Aktionsplan auf Seite 202 festhalten). Und beenden Sie das Gespräch in der Gewissheit, dass auch berechtigte Zweifel oder fundierte Kritik zu einem positiven Motor für die weitere Arbeit an Ihrem Ziel werden können.

Und jetzt legen Sie bitte los.

Schreiben Sie im Anschluss an jedes Telefonat hier die wichtigsten Inhalte auf, damit Sie sich später bei Bedarf daran erinnern können.

Wichtig: Falls Sie gerade spüren, dass Sie sich mit Ihrem Ziel selbst noch nicht sicher genug fühlen, um derartige Telefonate zu führen, dürfen Sie diese Aufgabe natürlich auch vertagen. Machen Sie in diesem Fall eine entsprechende Notiz in Ihrem Aktionsplan, gehen Sie dann weiter auf Seite 152 (Abschnitt »Lobrede auf einen ganz besonderen Menschen«).

Die wichtigsten Inhalte aus meinem Telefonat mit ....
(bitte den Namen von Person 1 eintragen):

....

....

....

....

....

....

....

....

Die wichtigsten Inhalte aus meinem Telefonat mit ....
(bitte den Namen von Person 2 eintragen):

....

....

....

....

....

....

....

Die wichtigsten Inhalte aus meinem Telefonat mit ....
(bitte den Namen von Person 3 eintragen):

....

....

....

....

....

....

....

Wenn Sie mit den Telefonaten für heute fertig sind, prüfen Sie bitte Ihre Aufzeichnung: Beinhalten sie gute Ideen für Positiv-Hebel (siehe gleichnamige Rubrik auf Seite 199), die auf Ihr Ziel einzahlen? Und/oder ergeben sich weitere Punkte für Ihren Aktionsplan, siehe Rubrik auf Seite 202)? Bitte nehmen Sie in diesem Fall jetzt die entsprechenden Eintragungen vor!

Falls Sie heute überhaupt niemanden erreichen (oder bis jetzt keine einzige Person auf Ihrer Liste steht, es auf sonstige Weise mit dieser Aufgabe nicht klappt) und nur wenn Sie an dieser Stelle noch Lust haben: Stellen Sie sich – ähnlich wie beim Arbeiten mit Ihrem Unterstützerteam – stattdessen einfach gedanklich einen passenden Gesprächspartner vor. Sobald Sie innerlich »Verbindung« aufgenommen haben, beantworten Sie bitte die nachfolgenden beiden Fragen:

Name der Person: ....

**Was sind die drei motivierendsten Sätze,
die dieser Mensch vermutlich zu Ihnen sagen würde?**

1.

2.

3.

**Welche konkreten Tipps für Positiv-Hebel und/oder für
Ihren Aktionsplan würde Ihnen diese Person geben?**

Bei allem, was Ihnen hier als passend und stimmig erscheint:
Bitte ergänzen Sie Ihre Liste an Positiv-Hebeln (siehe Rubrik auf Seite 199)
beziehungsweise To-dos für Ihren Aktionsplan (siehe Rubrik Seite 202).

Wieder eine Menge geschafft!

Wir hoffen, Sie haben noch Power?
Falls nicht, legen Sie doch einfach eine kurze Pause ein. Denn nun wartet eine etwas
ungewöhnliche Aufgabe auf Sie, die Ihnen aber – nach anfänglichem Erstaunen –
vermutlich Freude bereiten wird!

LOBREDE AUF EINEN GANZ BESONDEREN MENSCHEN

Dazu kommen wir nochmals auf die Sache mit dem Loben und Wertschätzen zurück. Vielen Menschen fällt es nicht nur schwer, Lob und Wertschätzung von anderen anzunehmen – noch schwerer ist es für die meisten, die eigene Persönlichkeit und Leistung positiv und selbstbewusst nach außen zu vertreten. Und wir glauben, es ist kein Klischee, zu sagen: Frauen fällt das in der Regel noch schwerer als Männern.

Ein kollektiver und immer noch recht lebendiger Glaubenssatz unserer Gesellschaft lautet ja: Eigenlob stinkt. Und klar: Mitmenschen, die sich lauthals über sich und ihre Taten und Verdienste auslassen, werden sicher nicht ganz unbegründet als unangenehm und angeberisch empfunden. Es ist eine Gratwanderung, das eigene Licht nicht unter den Scheffel zu stellen, dabei aber trotzdem sympathisch rüberzukommen.

Vor diesem Hintergrund ist die nächste Aufgabe vielleicht auch für Sie ein handfester Verstoß gegen eine gängige Konvention unserer Gesellschaft. Denn sie treibt das Thema Selbstlob und Selbstwertschätzung ziemlich auf die Spitze: Am Ende Ihres siebten Coachingtages – je nach Ihrer Planung also vielleicht schon morgen – werden Sie im Rahmen Ihrer Abschlussfeier eine Rede halten. Und zwar auf sich selbst.

In ihr dürfen und sollen Sie sich, Ihre Arbeit mit diesem Buch und Ihre Bemühungen und Erfolge bewusst loben und wertschätzen. Gleich vorneweg: Bleiben Sie dabei aber ernsthaft! Also nicht übertreiben oder das Ganze ins Alberne ziehen (zwei typische Abwehrstrategien, um Lob und Wertschätzung nicht zuzulassen).

Also legen wir los!
Zunächst geht es natürlich um das, was Sie sagen werden. Das nötige Material gewinnen Sie, indem Sie die nachfolgenden Fragen schriftlich beantworten. Ganz bewusst werden wir Sie dabei wieder ein wenig fordern, denn eine gute Rede braucht Substanz, sprich »Futter«, damit sie wirkt. Bitte nehmen Sie sich also ruhig ein paar Minuten mehr Zeit. Auch, weil Sie wieder einmal etwas tun werden, worauf Sie sich innerlich vielleicht erst einstellen müssen.

Versuchen Sie, in dieser Rede auch und gerade die Dinge zu sagen, die auszusprechen Ihnen schwerfällt, die aber wichtig für Sie sind.

Bitte beantworten Sie dazu jetzt die folgenden Fragen.

Mit Ihrem jetzigen Wissen und nach fast 6 Coachingtagen:
Was ist das Gute an Ihrem Selbstcoaching?

Was ist Ihnen bei der Arbeit mit diesem Buch bis jetzt besonders gut gelungen?

**Was hat Sie im Rahmen Ihres Selbstcoachings
angenehm an sich selbst überrascht?**

An welcher Stelle hatten Sie bis jetzt am meisten Schwierigkeiten?

Welche Stärke haben Sie an dieser Stelle gezeigt,
um dennoch weitermachen zu können?

Wenn jemand anderes die Rede auf Sie hielte: Über welchen Satz würden Sie
sich besonders freuen (über Sie, Ihr Ziel oder wie Sie sich schlagen)?

Was müsste das Gegenüber sagen,
was Sie wirklich bewegen und berühren würde?

Was wäre eine abschließende kraftvolle Ermutigung an Sie, die Ihnen bei Ihrer Abschlussfeier mit Sicherheit guttun wird?

Welchen Tipp geben Sie sich zum Schluss, damit Ihre Abschlussfeier ein schönes Erlebnis für Sie wird?

Falls die Antworten aus Ihnen nur so herausgesprudelt sind, möchten wir herzlich gratulieren!

Für den Fall, dass Ihnen noch nicht so viel eingefallen sein sollte:

Nutzen Sie gerne auch jetzt wieder Ihr Unterstützerteam von Seite 192. Was haben dessen Mitglieder bezüglich unserer Fragen bei Ihnen beobachtet beziehungsweise welche Antworten schlagen sie vor? Wenn Sie alles notiert haben, was Sie bei Ihrer Rede auf Sie selbst sagen (und hören) wollen, sprechen Sie dies auf Ihr Smartphone auf – frei und nochmals in Ihren eigenen Worten. Auf dem iPhone nutzen Sie dazu zum Beispiel die serienmäßig vorhandene App »Sprachmemos«. Wenn Sie bewusst mehr Gefühl wollen, können Sie beim Aufsprechen im Hintergrund eine stimmungsvolle Musik laufen lassen.

Halten Sie Ihre Rede dabei durchgehend in Du-Form – als wären Sie eine andere, Ihnen gut vertraute Person, die zu Ihnen spricht. Beginnen Sie klassisch mit »Liebe/r (Ihr Vorname) ...«. Sprechen Sie bewusst langsam.

Achten Sie vor allem auf kurze Pausen zwischen den einzelnen Themen. Sie sind wichtig, damit das Gehörte Zeit hat, nachzuwirken, bevor der Geist wieder offen ist für die nächsten Worte. Das ist gerade bei Inhalten wichtig, die Ihr Gefühl ansprechen, Sie berühren werden.

Und: Sprechen Sie mit einer inneren Haltung, als ob Sie Ihre Rede für einen geschätzten Mitmenschen halten würden, der Ihnen wirklich am Herzen liegt. Ein bis zwei Minuten darf Ihre Rede auf sich selbst übrigens ruhig dauern!

Hören Sie sich danach Ihre Rede möglichst nicht gleich an – vor allem nicht, wenn Sie mutig waren in Ihren Aussagen. Das erhöht die Spannung!

Alternativ (oder falls Sie kein Smartphone zur Hand haben) können Sie Ihre Rede natürlich auch auf Papier verfassen und sie sich bei Ihrer Feier einfach selbst vortragen. Allerdings wird dies nicht ganz den gleichen Effekt haben, als wenn Sie wirklich nur Zuhörerin beziehungsweise Zuhörer sind.

Für den Fall, dass Sie bei Ihrer Abschlussfeier in Gesellschaft sein werden, entscheiden Sie bitte jetzt auch noch, ob Sie Ihre Rede zuvor für sich allein in einer ungestörten Umgebung hören möchten (beziehungsweise sich vorlesen wollen) – oder ob Ihre Begleitung ein passendes und wertschätzendes Publikum sein wird, um live dabei zu sein.

Bei Ihrer Abschlussfeier zelebrieren Sie den Moment dann so richtig. Erheben Sie das Glas auf sich selbst und lauschen Sie all den Komplimenten und wertschätzenden Worten, die Sie nach der intensiven Zeit mit diesem Buch verdient haben. Genießen Sie die Sätze, mit denen Sie sich selbst und Ihre Leistung wertschätzen. Denn wie heißt es so schön:

>>Lob dich selbst, sonst tut es keiner.<<

DIE ZUGLUFT DER KRITIK

Amelie Fried

Wer eine neue Idee in die Welt bringen, eine Veränderung anstoßen oder einfach nur seinen eigenen Weg gehen möchte, stößt unweigerlich auch auf Kritik. Diese auszuhalten fällt oft nicht leicht, aber es gibt nützliche Regeln für den Umgang mit ihr – und zwar fürs Austeilen ebenso wie fürs Einstecken. So wissen zum Beispiel gute Führungskräfte, dass Kritik eher angenommen wird, wenn sie in ermutigenden Formulierungen wie »Ich hätte einen Vorschlag, wie Sie Ihre Performance noch weiter verbessern könnten« daherkommt statt als Holzhammer à la »Bei Ihren übrigen Leistungen ist allerdings noch reichlich Luft nach oben«.

Glückliche Paare handeln oft bewusst oder unbewusst nach der »Fünf-zu-eins-Regel«. Die besagt, dass eine Kritik am Partner durch fünf lobende Bemerkungen ausgeglichen werden sollte, um auf Dauer den Beziehungsfrieden zu erhalten. Fünf zu eins! Das erscheint auf den ersten Blick ganz schön übertrieben, aber offenbar trifft uns Kritik von Menschen, denen wir gefühlsmäßig nahestehen, deutlich stärker als Kritik von anderen Personen. In einer Liebesbeziehung erwarten wir zu Recht emotionale Unterstützung, Bestätigung, liebevolle Ermutigung. Wenn immer nur auf uns herumgehackt wird, zerstört das auf Dauer unsere Gefühle zum Partner.

Kritisches Feedback anzunehmen, ist eine Kunst. Sollte uns jemand gleich mit einer unsensiblen Breitseite kommen, dürfen wir zu Recht überlegen, ob wir uns weiter anhören wollen, was sonst noch kommt. Aber auch

sachlich vorgetragene Kritik löst bei den meisten Menschen zunächst einen Abwehrreflex aus, den Drang, sich zu rechtfertigen und dem anderen zu erklären, wie es zu diesem oder jenem kam.

Viel besser: Erst mal zu akzeptieren, dass das Gegenüber eine andere Sicht der Dinge hat. Dann alle persönlichen Eitelkeiten beiseitelassen und sich überlegen, ob an der Kritik etwas dran sein könnte. Falls ja, den anderen auffordern, gemeinsam zu überlegen, wie es beim nächsten Mal besser laufen könnte (Lösungsorientierung statt Problemorientierung). Falls die Kritik als völlig ungerechtfertigt oder überzogen empfunden wird, dieses ruhig und sachlich zum Ausdruck bringen und begründen. Falls es emotional wird, das Gespräch möglichst verschieben, bis die Gemüter sich wieder beruhigt haben.

Ganz besonders ist der Umgang mit Kritik eine Frage des richtigen Timings. Als Schriftstellerin habe ich diese Erfahrung immer wieder gemacht. Es gibt Zeiten, in denen ich sehr gut mit (konstruktiver) Kritik umgehen kann, und Zeiten, in denen mich schon die kleinste Nachfrage meines Gegenübers aus den Schuhen haut. Letzteres passiert umso leichter, wenn ich bei einem Buch noch ziemlich am Anfang bin. Deshalb ist meine Devise: Ein gerade entstehendes Projekt ist wie ein Neugeborenes – es verträgt die Zugluft der Kritik nicht.

Zu Beginn der Arbeit an einem neuen Buch lasse ich niemanden lesen, was ich gerade schreibe, obwohl ich mir zwischendurch Feedback (und vor allem Ermutigung) wünschen würde. Meist spreche ich noch nicht mal über meinen aktuellen Roman, weil ich fürchte, mein Gegenüber könnte auf eine Weise reagieren, die mir den Schwung raubt. Obwohl ich über 20 Bücher geschrieben habe, die allesamt Bestseller wurden, bin ich noch immer leicht zu verunsichern. Warum sollte ich mich dem ohne Not aussetzen?

Ungefähr bei Seite 200 eines Manuskriptes darf mein »Kritiker Nummer eins« den Text lesen (es handelt sich um meinen Ehemann Peter Probst, Drehbuch- und Buchautor). Bei ihm kann ich sicher sein, dass seine Kritik ehrlich, aber dennoch wohlwollend und konstruktiv ist. Weil er

was von der Materie versteht und sich in mich hineinversetzen kann. Weil er nichts davon hat, mich fertigzumachen, aber weiß, dass ehrliches Feedback eine Menge zur Verbesserung eines Textes beitragen kann.

Diese Ehrlichkeit kann übrigens auch ganz schön schmerzhaft sein: Bei meinem dritten Roman kam mein Mann nach der Lektüre der ersten 200 Seiten aus seinem Arbeitszimmer und sah gar nicht zufrieden aus. Er erklärte mir, ich hätte mich mit der Charakterisierung meiner Hauptfigur auf einen Holzweg begeben, der mich immer weiter in die Irre führen würde. Die Figur sei zu schwach, der Leser könne sich nicht mit ihr identifizieren.

Mögliche Strategie: Erst mal zu akzeptieren, dass das Gegenüber eine andere Sicht der Dinge hat. Dann alle persönlichen Eitelkeiten beiseitelassen und sich überlegen, ob an der Kritik etwas dran sein könnte.

Da saß ich nun und hatte den Salat. Und das Schlimmste war: Ich hatte es die ganze Zeit geahnt, mir aber nicht eingestehen wollen. Ich hatte weiter- und weitergeschrieben, obwohl ich spürte, dass die Geschichte nicht so recht funktionierte. Und so blieb mir nichts anderes übrig, als 200 Seiten wegzuwerfen und noch mal anzufangen.

Der Mann von nebenan wurde dann übrigens sehr erfolgreich und sogar als Zweiteiler mit prominenter Besetzung fürs Fernsehen verfilmt. Drehbuchautor war mein Mann. Seine intensive Beschäftigung mit meiner Arbeit empfinde ich als großen Liebesbeweis, den ich immer gerne erwidere, wenn er sich von mir Feedback für seine Texte wünscht.

Was ich Ihnen damit sagen will: Sprechen Sie nicht zu früh über Ihr Ziel, und dann vor allem mit den richtigen Leuten! Sie sollten kompetent sein, einschlägige Erfahrung besitzen und Ihnen grundsätzlich wohlgesonnen sein. Dann ist die Chance am größten, dass Sie hilfreiches Feedback erhalten, das Sie nicht ausbremst, sondern weiterbringt. Konstruktive Kritik von anderen ist ein Geschenk, das wir dankbar annehmen sollten!

Doch auch in »ungemütlicher« Kritik steckt bisweilen großer Wert. So habe ich mich in meiner Jugend einige Semester an der Uni herumgequält, wo ich ständig das Studienfach wechselte, weil nie das Richtige dabei war. Schließlich blieb ich bei Germanistik hängen, aber auch das langweilte mich. Eines Tages bekam ich eine Hausarbeit mit dem Vermerk zurück: »Zu feuilletonistisch, gehen Sie lieber zur Zeitung!« Und da ging mir ein Licht auf: Ich war an der Uni schlicht und einfach fehl am Platz. Mir lag das wissenschaftliche Denken und Schreiben nicht, mir fehlte an der Uni der Praxisbezug, ich gehörte nicht hierher.

Also gut, dachte ich, nachdem ich den Schrecken über diese wenig schmeichelhafte Beurteilung verarbeitet hatte – und exmatrikulierte mich.

Noch heute bin ich meinem Professor von damals dankbar für seine klaren Worte. Ohne die wäre ich vermutlich nicht an der Filmhochschule und nicht als Moderatorin beim Fernsehen gelandet. Schriftstellerin wäre ich wohl auch nicht geworden, und schon gar nicht systemischer Coach.

Manchmal braucht es eben einen gezielten Tritt von anderen, um aufs richtige Gleis zu kommen – oder wenigstens vom falschen herunter!

»Der Anfang
ist (bereits)
die Hälfte des
Ganzen.«

Aristoteles

Die UMSETZUNG vorbereiten und den COACHING-ABSCHLUSS feiern

• Ihr Überführungstag (Vorbereitung)

• Die Kraft einer speziellen Gruppe nutzen

• Ihr »Treff« mit den Autoren

• Feiern und Freuen

Und schon neigt sich Ihr Selbstcoaching dem Ende entgegen:

Willkommen zum siebten und letzten Coachingtag!

Erst mal wollen wir mit einem dicken Lob an Sie beginnen. Dafür, dass Sie auch in den letzten Coachingtagen ...

→ sich auf unsere vielen Fragen und Aufgaben eingelassen haben, bereit waren, so manch Ungewöhnliches zu tun und zu denken,

→ stets drangeblieben sind (auch wenn es vermutlich nicht immer einfach war),

> sich bewusst die nötige Zeit für Ihr Coaching genommen haben

    (womöglich abgeknapst von Ihrem kostbaren Urlaub)

> und bis heute durchgehalten haben

    (es also offensichtlich ernst meinen mit sich und Ihrem Ziel).

Egal, wie zufrieden (oder nicht ganz so zufrieden) Sie hier mit sich selbst sind: Nehmen Sie unser Lob einfach an und lassen Sie es auf sich wirken.Denn es ist alles andere als selbstverständlich, dass Menschen die Möglichkeit eines Coachings, etwa in Form dieses Buches, wahrnehmen oder sich zumindest einmal etwas intensiver damit beschäftigen. Allein deshalb können Sie stolz auf sich sein. Und auf Ihren bisherigen Weg.

Und schon jetzt sind wir zuversichtlich, dass Ihr Selbstcoaching Ihr Leben nachhaltig bereichern wird. Selbst wenn es nur ein einziger erhellender Satz ist, der Ihnen während der Arbeit mit diesem Buch gekommen ist – schon der kann ab jetzt Ihr Leben zum Besseren verändern!

Hut ab vor Ihnen und Ihrer Leistung!

STARTRAMPE FÜR DIE UMSETZUNG: IHR ÜBERFÜHRUNGSTAG

Machen wir uns an die Arbeit. Denn natürlich erwarten Sie wieder ein paar Aufgaben. Zudem steht heute, vermutlich abends, Ihre Abschlussfeier an – ebenfalls ein ganz wesentliches To-do im Rahmen Ihres Coachings.

Doch zuerst geht es darum, eine weitere Grundlage zu schaffen, damit Sie im Anschluss an die Beschäftigung mit diesem Buch möglichst gut und effektiv all das umsetzen können, was Sie sich erarbeitet haben. So nutzen Sie auch die ebenso wertvolle wie zeitlich begrenzte Phase des innerlichen »Reitens auf der Welle«, mit der Ihre 7 Coachingtage hoffentlich ausklingen. Sie gibt Ihnen zusätzliche Energie und Zuversicht, die das Umsetzen erleichtert.

Damit Sie hier möglichst gut starten, legen Sie heute einen Termin für einen sogenannten Überführungstag fest. An diesem Tag machen Sie alle wesentlichen ersten Schritte, die nach Abschluss Ihres Selbstcoachings anstehen, indem Sie möglichst viele To-dos aus Ihrem Aktionsplan erledigen oder zumindest terminieren. Und auch wenn Sie einige Maßnahmen vielleicht schon umgesetzt haben, werden vermutlich auch nach Abschluss des Coachingprogramms immer noch einige offene Punkte auf Ihrem Aktionsplan stehen.

Bitte nehmen Sie Ihren Überführungstag auch dann ernst, wenn Ihr Pensum gefühlt in einer Viertelstunde erledigt sein wird. Denn abgesehen vom konkreten Handeln wirkt der Überführungstag auch im Sinne einer zusätzlichen symbolischen Bekräftigung, dass Sie es ernst meinen mit Ihrem Ziel. Er gibt damit weiteren Schub in die Prozesse und Entwicklungen, die

Sie mit Ihrem Coaching angestoßen haben. Und sorgt noch einmal für neue Power.

Um Ihren Überführungstag bestmöglich zu nutzen – und bei einem größeren Pensum nicht unnötig Zeit zu verbrauchen –, werden Sie schon heute erfahren, was wir für diesen Tag an Programm für Sie vorgesehen haben. Wundern Sie sich nicht, wenn wir es bei einigen Dingen etwas genauer nehmen und auch vermeintliche Details vorgeben.

Das ist ein wenig so, wie wenn Sie ein großes Menü für Gäste kochen wollen. Klugerweise schreiben Sie bei einem solchen Vorhaben zuvor einen detaillierten Einkaufszettel, den Sie bei der anschließenden Tour durch die Lebensmittelgeschäfte ohne langes Überlegen nur noch abzuarbeiten brauchen – statt sich an jedem Regal von Neuem in die Rezepte zu vertiefen. Ebenso klug ist es, den Einkaufszettel vor dem Aufbruch noch einmal durchzulesen.

Genauso ist es auch hier. An Ihrem Überführungstag schlagen Sie dann nur noch die nachfolgende Liste auf und können sofort loslegen, ohne sich erst groß einen Kopf machen zu müssen.

Bitte lesen Sie zur Einstimmung also bereits jetzt, was Sie an Ihrem Überführungstag erwartet. Unter Punkt 4 können Sie die Liste mit eigenen Inhalten ergänzen (bitte bei allen Punkten mit der Umsetzung aber noch warten – heute geht es nur darum, sich Ihr Programm durchzulesen und eigene Ideen zu notieren):

DAS PROGRAMM FÜR IHREN ÜBERFÜHRUNGSTAG

1. Einen Platz für dieses Buch bestimmen

Bestimmen Sie an Ihrem heutigen Überführungstag (ähnlich wie zu Beginn Ihres Selbstcoachings) einen festgelegten und gut geschützten Platz, an dem Sie dieses Buch künftig aufbewahren – damit es auch nach Ihrem Coaching weiterhin vor unbefugtem Zugriff bewahrt ist. Vermutlich haben Sie mittlerweile zahlreiche persönliche Dinge eingetragen, die nicht jeder lesen soll. Zudem ist auf diese Weise sichergestellt, dass Ihr Coachingbuch nicht ganz hinten im Bücherregal oder anderswo verschwindet und Sie es jedes Mal suchen müssen, wenn Sie darin lesen oder weiter damit arbeiten wollen.

2. Aktionsplan – To-dos erledigen oder terminieren

Kommen wir zum Hauptteil Ihres heutigen Überführungstages: Schlagen Sie bitte jetzt Ihren Aktionsplan ab Seite 202 auf. Erledigen Sie all jene Dinge, die noch offen sind und die Sie hier und heute gut in Angriff nehmen können. Für alle sonstigen To-dos und Aufgaben, die heute noch nicht dran sind (oder heute nicht geklappt haben), legen Sie nach Möglichkeit einen konkreten Tag beziehungsweise Termin in Ihrem Kalender fest. Das gilt auch für alles, bei dem Sie nachhaken oder um das Sie sich ein weiteres Mal kümmern müssen.

3. Etablieren einer Erinnerungssystematik

Damit Ihr Selbstcoaching weiterhin möglichst gut wirkt, ist es wichtig, dass Sie dieses Buch in den nächsten Wochen und Monaten immer wieder zur Hand nehmen – zum Beispiel um

• sich an Ihr Ziel zu erinnern,
• über Ihre Antworten und Ergebnisse zu reflektieren,
• sich Wichtiges erneut ins Gedächtnis zu rufen,
• noch offene To-dos aus Ihrem Aktionsplan anzugehen
• und einfach, damit Ihr Coaching-Spirit lebendig bleibt.

Fortsetzung nächste Seite

3. Etablieren einer Erinnerungssystematik

Fortsetzung von Seite 167

Gleichzeitig können Sie so auch erspüren, ob und wie Sie sich bereits weiterentwickelt haben, welche Hebel besonders gut funktionieren, wo Sie sich vielleicht noch einmal Gedanken machen müssen – und natürlich, wie nahe Sie Ihrem Ziel inzwischen schon gekommen sind.

Am besten klappt dieser regelmäßige Griff zu Ihrem Coachingbuch, wenn Sie gar keine Mühe aufwenden müssen, um daran zu denken – dank einer einfachen Erinnerungssystematik in Ihrem Kalender, die einzurichten wir Ihnen jetzt ans Herz legen möchten. Konkret kann das zum Beispiel ein fester Termin an jedem ersten Sonntag im Monat um 11.00 Uhr sein (bei digitalen Kalendern automatische Wiederholung im Monatsrhythmus aktivieren), an dem Sie dieses Buch regelmäßig zur Hand nehmen. Was wäre für Sie ein passender Wochentag und welche Tageszeit wäre ideal? Bitte legen Sie jetzt eine entsprechende Terminserie in Ihrem Kalender an, die sich mindestens über die nächsten drei Monate erstreckt (gerne auch länger). Schreiben Sie beim Termineintrag dazu, in Ihrem Buch jeweils diese Seite aufzuschlagen, damit Sie immer sofort wissen, was konkret zu tun ist.

Für den Monat nach Ende Ihrer Terminserie tragen Sie einen »Zwischenbilanztag« ein. Vermerken Sie im Textfeld dieses Termins, dass Sie an diesem Tag ein erstes Fazit über die bisherigen Ergebnisse Ihres Coachings ziehen und überlegen, wie Sie weiter vorgehen.

Falls der Aufbewahrungsort Ihres Coachingbuches besonders »raffiniert« ausgedacht ist, empfehlen wir, dass Sie zu jedem Termin einen verschlüsselten Hinweis hinzufügen, der Sie bei Bedarf zuverlässig daran erinnert, wo Sie Ihr Buch finden. Die Verschlüsselung sollte wiederum so angelegt sein, dass Sie diese auch nach längerer Zeit wieder entschlüsseln können.

4. Eigene Ideen, Punkte und To-dos für meinen Überführungstag

5. Feedback

Bitte nehmen Sie sich an Ihrem heutigen Überführungstag noch einmal
15 Minuten Zeit für etwas, das uns besonders am Herzen liegt: Ihr Feedback.
Wie hat Ihnen unser Buch gefallen, wie ging es Ihnen damit, welche
weiteren Ideen und Ergänzungen hätten Sie? All das würden wir gerne
von Ihnen erfahren. Bitte schreiben Sie uns dazu über unsere Webseiten
www.ameliefried-coaching.de und www.michael-simperl.de.
Wir sagen schon jetzt vielen Dank!

Falls heute Ihr Überführungstag ist, sind Sie an dieser Stelle fertig.
Bitte verstauen Sie Ihr Buch abschließend am von Ihnen bestimmten
Aufbewahrungsort.

Ansonsten geht es hier weiter:

Legen Sie bitte jetzt das Datum fest, an dem Sie Ihren Überführungstag durchführen. Idealerweise findet er schon in den nächsten Tagen statt – je früher, desto besser. Tragen Sie jetzt bitte den Termin für Ihren Überführungstag in ihrem Kalender ein. Schreiben Sie im Text unbedingt dazu »Coachingbuch Seite 167 aufschlagen«, damit Sie das Programm für Ihren Überführungstag sofort parat haben.

Sollten Sie Ihr Handy gerade nicht zur Hand haben, mit einem Papierkalender arbeiten oder bewusst ganz ohne Kalender leben, stellen Sie bitte jetzt anderweitig sicher, dass Ihr Überführungstag zum geplanten Termin auf jeden Fall stattfindet.

Sie denken sich schon langsam: Uff...?! Zugeben: Hier waren wir, wie schon angekündigt, ein wenig pingelig. Andererseits wissen Sie vermutlich aus eigener Erfahrung, wie leicht einen der Alltag von guten Vorhaben wieder abbringen kann – Stichwort Neujahrsvorsätze. Und wie wichtig deshalb ein gutes Gerüst ist, das beim Dranbleiben unterstützt. Vor allem, wenn Sie, wie hier beim Selbstcoaching, mehr oder minder auf sich selbst gestellt sind.

Weil Sie gerade so schön beim Organisieren sind: Bitte erledigen Sie jetzt letzte Dinge, die womöglich noch für Ihre heutige Abschlussfeier zu tun sind. Bei Bedarf lesen Sie auch nochmals unter Coachingtag 5 auf Seite 126 nach, was Sie für Ihre Feier alles geplant haben und was es zu organisieren und erledigen gilt.

Wichtig

Stellen Sie auf jeden Fall sicher, dass bei Ihrem Festmoment zu Beginn Ihre Rede auf Sie erklingt (oder Sie sich diese selbst vorlesen) – so wie von Ihnen geplant, also entweder ohne Publikum oder in ausgewählter, passender Gesellschaft.

Falls Sie jetzt eine kleine Pause brauchen:
kein Problem – legen Sie Ihr Buch ruhig für 10 Minuten zur Seite.

Nun sind Sie hoffentlich gut gestärkt für ein kleines Kontrastprogramm. Denn nach diesen etwas nüchternen Aufgaben ist jetzt eine andere Fähigkeit von Ihnen nochmals intensiv gefragt: Ihr Vorstellungsvermögen.

Nehmen Sie dazu bewusst Tempo raus. Machen Sie es sich so bequem wie möglich, atmen Sie ein paarmal ruhig ein und aus. Falls Sie eine ruhige und »erhebende« Instrumentalmusik zur Hand haben, etwa auf Ihrem Handy, können Sie diese jetzt leise spielen lassen oder per Kopfhörer anhören.

Lassen Sie Ihren Blick für einen Augenblick in die Ferne schweifen – in den Raum, in dem Sie sich befinden, aus dem Fenster oder in das Gelände um Sie herum, wenn Sie im Freien sind. Kommen Sie dann wieder zu diesem Text zurück.

Stellen Sie sich bitte jetzt vor, dass es weitere Menschen gibt, die zurzeit mit diesem Buch arbeiten – ganz genauso wie Sie.

Denn da sind wir jetzt einfach mal zuversichtlich: Auch heute gibt es irgendwo auf dieser Welt sehr wahrscheinlich mindestens eine Person, die ...

- genau wie Sie gerade dieses Buch in der Hand hält,
- genau wie Sie etwas in ihrem Leben verbessern möchte und den Mut gefasst hat, sich dazu auf ein Selbstcoaching einzulassen,
- genau wie Sie bereits einige Coachingtage bearbeitet (und dabei vielleicht so manches durchgestanden) hat,
- genau wie Sie weiß, was einem in einer solchen Situation guttut,
- sich vermutlich freuen würde, zu sehen, dass es weitere Menschen gibt, die auch gerade mit diesem Buch arbeiten – zum Beispiel Sie.

Und nun stellen Sie sich vor, dass diese Person jetzt bei Ihnen anwesend ist.

Geben Sie sich die nötige Zeit, bis Sie sich diesen Menschen in Ihrer Gegenwart möglichst gut vorstellen können. Zum Beispiel auf Ihrer Couch. Im Gartenstuhl nebenan. Oder unten auf der Straße, zu Ihnen hochwinkend. Idealerweise sehen Sie in seiner Hand auch ein Exemplar dieses Buches.

Sobald Sie die Person einigermaßen »sehen«, gehen Sie einen Schritt weiter: Machen Sie mal eine Schätzung, wie viele weitere Mitstreiterinnen und Mitstreiter es zurzeit geben könnte. Also: Wie viele Menschen arbeiten in diesen Tagen und Wochen wohl gerade tatsächlich mit diesem Buch?

Seien Sie dabei ruhig ein wenig großzügig. Welche Zahl fällt Ihnen spontan ein? Gesellen Sie all diese Menschen zu Ihrem ersten Gast hinzu. Lassen Sie sich bitte auch hier wieder Zeit, bis sich ein gewisses Bild ergibt. Oder zumindest eine Idee davon. Vielleicht müssen Sie gedanklich auch erst einmal Platz schaffen oder die Gruppe im Freien positionieren, falls Sie diese Übung drinnen machen. Womöglich dauert es auch ein wenig, bis alle zusammen sind und gut Platz gefunden haben.

Gehen Sie jetzt noch einen Schritt weiter: Lassen Sie die Gruppe auch noch um all jene Menschen anwachsen, die dieses Buch bereits fertig durchgearbeitet haben. Und womöglich schon erste Früchte ihres Coachings ernten. Oder ihr Ziel bereits komplett erreicht haben.

Bitte schätzen Sie spontan, wie viele Personen die Gruppe oder Menge vor Ihnen jetzt insgesamt umfasst. Schreiben Sie hier die Zahl auf:

........................Personen

Sehen Sie sich nun die anwesenden Mitstreiter in Ruhe an.
Blicken Sie in einzelne Gesichter.
Beantworten Sie dann schriftlich die nachfolgenden Fragen.

Was fällt Ihnen an diesen Menschen positiv auf?

Welches Gefühl kommt bei diesem Anblick in Ihnen auf?

Nehmen Sie sich für das Halten dieses gedanklichen Bildes und für die Fragen mindestens eine Minute Zeit. Lesen Sie erst dann weiter.

Stellen Sie sich jetzt vor, dass alle Menschen, die Sie sehen, sich verabredet haben,
Ihnen gute Energie zu schenken – auch wenn das für Sie jetzt etwas esoterisch
klingen mag. Wir meinen damit jenen freundlichen und aufmunternden Blick,
mit dem man einen Menschen ansieht, während man ihm innerlich von Herzen das
Beste wünscht.

Stellen Sie sich jetzt vor, dass all diese Menschen nun genau das tun.
Für Sie. Und ganz in Stille. Lassen Sie sich auch auf diese Vorstellung mindestens
eine Minute lang ein, bevor Sie weiterlesen.

Stellen Sie sich nun vor, dass Sie zu diesen Menschen sprechen.

Tun Sie dies wieder schriftlich, indem Sie die nachfolgenden Fragen beantworten.
Bitte schreiben Sie dabei immer in wörtlicher Rede – also so, dass der Text auch
in der Sprechblase eines Comics stehen könnte.

Was sagen Sie Ihren Mitstreitern,
was Sie ehrlich und positiv an ihnen überrascht?

Welche wichtige Botschaft haben Sie für die Menschen in Bezug auf
deren Coaching (auch wenn Sie ihre Ziele nicht kennen)?

Was, glauben Sie, würden diese Menschen sonst noch
gerne von Ihnen hören?

Stellen Sie sich jetzt vor, dass Sie die Rollen tauschen – und jetzt Sie zuhören, während die anderen zu Ihnen sprechen. Und die Gruppe nun eine ganz bestimmte Aufgabe bekommt: Sie noch einmal so richtig anzufeuern, zu loben und zu stärken. Zur Erinnerung: Hier werden gleich Menschen zu Ihnen sprechen, die Ihre Lage als jemand, der sich selbst coacht, aus eigener Erfahrung bestens kennen.

Bitte halten Sie alles wieder schriftlich fest, was Ihnen dazu in den Sinn kommt.

Was ruft Ihnen die Gruppe sofort spontan zu?

**Was sagt Ihnen die Gruppe,
was Sie besonders gut machen bei Ihrem Coaching?**

Welchen guten Hinweis gibt Ihnen die Gruppe für das Erreichen Ihres Zieles?

Stellen Sie sich bitte jetzt vor, wie die Gruppe zum Schluss beginnt,
Sie so richtig zu beklatschen und anzufeuern. Und dabei immer wieder
Ihren Namen ruft.

Wie sie dann Schritt für Schritt die Lautstärke immer weiter »hochfährt«.

Fügen Sie bei Bedarf einen sympathischen Animateur hinzu,
der die Menschen zusätzlich in Fahrt bringt.

Erhöhen Sie jetzt die Applausstärke nochmals um weitere zwei Stufen.

Lassen Sie diese Szene bewusst etwas länger vor Ihrem geistigen Auge
ablaufen. Kosten Sie den Moment so richtig aus, bevor das Treffen
dann zu Ende geht.

**Bitte beschreiben Sie hier,
wie Sie sich abschließend bei der Gruppe bedanken:**

»Verabschieden« Sie jetzt die Menschenmenge, indem Sie sich zum Schluss
gegenseitig zuwinken. Betrachten Sie dann vor Ihrem geistigen Auge,
wie alle entspannt zur Tür hinausgehen beziehungsweise das Gelände verlassen,
sodass Sie wieder für sich sind.

Wir können uns vorstellen, dass Sie dieser kleine Austausch durchaus ein wenig berührt hat. Kosten Sie auch dieses Gefühl wieder bewusst aus. Lesen Sie noch einmal die Antworten, die Ihnen besonders gut gefallen. Betrachten Sie es als möglich, dass Ihnen die eine oder andere Begegnung dieser Art vielleicht auch im echten Leben geschenkt wird. Nehmen Sie sich für all das auch jetzt ausreichend Zeit. Falls es nicht so wirklich geklappt hat mit all dem geistigen Herbeidenken und -sehen, dürfen Sie gerne noch einmal Zurückblättern zum Anfang dieser Übung und sie erneut ausprobieren, wenn Sie Lust haben. Ansonsten gibt es womöglich auch aus dieser Aufgabe abschließend einiges festzuhalten – zum Beispiel ...

• eine weitere grundlegende Erkenntnis,
• einen zusätzlichen Positiv-Hebel für Ihr Ziel,
• einen Punkt für Ihren Aktionsplan,
• ein persönliches To-do für das Programm Ihres Überführungstages.

In diesem Fall nehmen Sie bitte jetzt die Eintragungen in den entsprechenden Rubriken auf den Seiten 200, 199, 202 und 169 vor. Gönnen Sie sich dann nochmals eine kleine Pause. Wenn es gut gelaufen ist mit dem sich Vorstellen – und falls Sie noch Lust und Laune dazu haben –, dürfen Sie sich zum Abschluss des heutigen Coachingtages noch zwei weitere Menschen in Ihrer Gegenwart vorstellen: nämlich uns beide, Amelie Fried und Michael Simperl, die wir als Coaches dieses Buch für Sie geschrieben haben.

Wir sitzen jetzt – wenn Sie es uns gestatten – vor Ihnen und freuen uns sehr, Sie zu sehen.

Was würden wir Ihnen noch Positives sagen zum Abschluss?

Amelie Fried:

Michael Simperl:

Ob wir Ihnen auf diese Weise ebenfalls noch ein wenig Gesellschaft leisten durften oder Sie diese letzte Aufgabe übersprungen haben (was auch völlig in Ordnung ist): So oder so möchten wir uns nun von Ihnen verabschieden.

Wie intensiv auch immer Sie sich auf das eingelassen haben, wozu dieses Buch Sie einladen wollte: Wir sind sicher, dass die 7 Coachingtage nicht spurlos an Ihnen vorübergegangen sind. Gut möglich, dass schon jetzt manches ein Stückchen anders ist als zuvor.

Auf jeden Fall gehören Sie nun zum Kreis jener Menschen, die bereits erste – und womöglich sogar schon tiefere – Erfahrungen mit dem Thema (Selbst-)Coaching gemacht haben. Nebenbei haben Sie die besonderen Chancen von Coaching damit nicht nur aktiv für sich genutzt, sondern wissen jetzt auch generell mehr über dieses Thema.

Gute Gründe, sich heute mit einem liebevoll geplanten besonderen Moment in Form Ihrer Abschlussfeier zu belohnen – bei der wir Ihnen schon jetzt viel Freude wünschen.

Machen Sie's gut!

WENIGER IST MEHR:
VOM WERT DES »SCHEITERNS«

Michael Simperl

Gerade unsere Misserfolge oder ein vermeintliches Scheitern können, im Nachhinein betrachtet, wertvoll und wichtig sein für unser Leben. Auch ich verdanke so manches in meinem Leben einer persönlichen Krise.

Durchlitten habe ich sie in den Monaten rund um meinen 32. Geburtstag in Zusammenhang mit der Werbeagentur, die ich Jahre zuvor gemeinsam mit einem Bekannten gegründet hatte. Nach einer längeren Erfolgsphase kam für uns zu jener Zeit plötzlich einiges an Problemen zusammen. Insbesondere war es die wirtschaftliche Schockwelle infolge des 11. Septembers 2001, wegen der gerade in unserem Bereich längere Zeit erst einmal »gar nichts ging«. Kurz darauf verloren wir auch noch unsere zwei größten Kunden, beide praktisch über Nacht. Hinzu kamen ein paar eigene Nachlässigkeiten, die sich nun rächten.

All das hatte binnen kurzer Zeit dazu geführt, dass es finanziell mit einem Mal richtig eng wurde für uns. Während das Auftragsbuch erschreckend leer war, sorgten unsere stolzen monatlichen Fixkosten bei mir für schlaflose Nächte und erste graue Haare. Auch unser Firmenkredit war noch lange nicht abgestottert. Wir »schraubten«, wo wir »schrauben« konnten: vom Verkauf unseres historischen Cola-Automaten über das Entlassen von Mitarbeitern bis dahin, dass mein Partner und ich unsere Gehälter vorübergehend auf null setzten. Gut erinnere ich mich auch noch an den Tag, als der Leasingvertrag für unsere zwei schwarzen Geschäftsführer-BMW auslief, womit wir auch diese monatlichen Kosten für die Firma eingespart hatten. Nachdem ich meinen Wagen beim Händler zurückgegeben hatte, fuhr ich das erste Mal seit meiner Schulzeit wieder mit der Straßenbahn. Während ich im Waggon Platz nahm, fühlte sich der Yuppie-Werber in mir, der in den letzten Jahren den Ton angegeben hatte, mit einem Mal irgendwie – arm. Ich war gescheitert, ganz klar.

Vieles konnte ich mir nun nicht mehr leisten, was bis dahin mein gewohnter Lebensstil war. Im Restaurant wurden Gerichte ab jetzt zwischen meiner Partnerin und mir geteilt, oder der Besuch fiel gleich ganz aus. Zu Hause freundete ich mich mit Mahlzeiten an, die aus gekochten Kartoffeln mit Salz und Olivenöl bestanden. Urlaube waren gestrichen oder beschränkten sich auf Fahrradtouren in der näheren Umgebung. In der U-Bahn, meinem neuen

Haupttransportmittel in der Stadt, versuchte ich mühevoll, mich an die vielen Leute und das Neonlicht zu gewöhnen. Heute ist mir natürlich klar, dass dies für viele Menschen absolute Luxusprobleme wären. Doch damals empfand ich in meiner Situation eben anders.

Wochenlang erschien mir mein Leben grau und zäh. Bis ich eines Tages eine Entdeckung machte, die ich äußerst interessant fand: Obwohl sich im Außen nichts groß verändert hatte und ich weiterhin materiell »arm« war, war mein inneres Graugefühl wieder weg. Ich fühlte mich wieder so gut wie vorher in meinem alten Leben. Der Moment, in dem ich dies zum ersten Mal bewusst wahrnahm, war wie ein kleiner Schock. Ja, in mancherlei Hinsicht ging es mir eigent-

lich sogar besser. Zum einen, weil es da keine Stimme mehr in mir gab, die mir dauernd zurief: »Tu dies! Mach das! Kauf und erleb jenes!« Weil all das ja nun sowieso keine Option für mich war. Zum anderen, weil ich merkte, wie sehr mir vieles in Wahrheit gar nicht fehlte. All das entspannte mich nicht nur, sondern brachte auch eine gewisse stille Leichtigkeit in mein Leben.

Ich konnte dieses neue Lebensgefühl jetzt, wo ich es bewusst wahrnahm, sogar richtig auskosten. Es war einfach schön, immer wieder aufs Neue zu erleben und zu spüren, wie ein – in meinem Fall unfreiwilliges – materielles »Weniger« für meine Lebensqualität überraschenderweise ein »Mehr« bedeutete. Ganz banal zum Beispiel mehr Frische und Fitness, nachdem ich nun wieder so häufig mit dem Fahrrad fuhr wie zuletzt als Teenager, statt dafür gewohnheitsmäßig eineinhalb Tonnen Auto zu bewegen (und bezahlen zu müssen). Anders gesagt: Ich erlebte, wie mitunter auch exakt das Gegenteil von dem wahr sein kann, was uns die moderne Welt nach dem Motto »Höher, schneller, weiter etc. = besser ...« schon damals täglich einbläute.

Einmal neugierig geworden, erkundete ich von da an intensiver, ob und wo ein bewusstes »Weniger« bei mir womöglich ein »Mehr«

bedeutete. An Entspanntheit, an Freiheit, an Gelassenheit, an Zeit. Oder auch mehr Geld in der Tasche, weil es noch weniger für diverse vermeintliche »Must-dos« und »Must-haves« ausgegeben wurde.

Irgendwann begann ich, meine Beobachtungen und Gedanken in meinem Agentur-Computer festzuhalten: Was kann die Idee des »Weniger ist mehr« in den verschiedenen Bereichen unseres Lebens konkret bedeuten, etwa bei unserer Kleidung, beim Wohnen, in der Art, wie wir uns ernähren oder mobil sind, beim Urlaub? Und dann ergab eins das andere: Was noch halb als Spielerei begonnen hatte, mündete dank diverser glücklicher Umstände ein Jahr später in etwas unerwartet Großem: meinem ersten Buch! Unter dem Titel *Lessness: Weniger ist mehr – genieße es* kam es 2005 als Ratgeber bei einem renommierten deutschen Verlag auf den Markt. Trotz meiner Unbekanntheit erzielte es respektable Verkaufszahlen.

Rückblickend ist mein Buch jedoch nur einer von vielen Gewinnen, die ich meiner vorübergehenden Agentur- und Lebenskrise verdanke (die sich dann auch wieder löste). Für mich noch viel wichtiger und wertvoller war die damit verbundene Erkenntnis, wie sehr gerade in unserer heutigen Zeit ein bewusstes Weniger an Haben, Tun und Wollen in Wahrheit zu einem Mehr an Lebensqualität führen kann. Eine Erkenntnis, die ich ansonsten vielleicht nie gehabt hätte, wäre ich mit meiner Agentur immer noch erfolgreicher geworden. Seit nun fast 20 Jahren bereichert dieses Wissen mein Leben, und ich möchte es auf keinen Fall missen.

Ein weiterer Gewinn ist mir erst viel später bewusst geworden: Meiner damaligen Zeit verdan-

ke ich auch eine gute Portion Krisenerfahrung. Es hat lange gedauert, bis ich den Wert der Erfahrung erkannt habe, ohne größere Sicherungsnetze durch ein derartiges Tal gegangen zu sein. Heute weiß ich, wie wichtig es sein kann, im Leben wesentliche Dinge in einer Tiefe ausgelotet zu haben, wie sie erst möglich ist, wenn man ein wenig durchgeschüttelt wird. So manch kleinere und größere Schrecken, und wie man mit ihnen umgehen kann, sind mir dadurch nun aus persönlicher Erfahrung vertraut – die plötzliche Kündigung eines wichtigen Kunden, die Ratlosigkeit, wenn Dinge nicht mehr funktionieren, die immer geklappt haben, oder nächtliche Panik, mit einem Schuldenberg zu enden.

Wichtig war auch zu erleben, dass ich der Situation nicht hilflos ausgeliefert war, sondern Ressourcen in mir entdeckte, mit deren Hilfe ich aktiv gegensteuern konnte. In meinem Fall war es zum Beispiel meine Kreativität, die ich als Werkzeug einsetzte, um für unser Unternehmen neue Einkommensquellen zu erschließen. Unter anderem entstand so ein komplett neuer Geschäftszweig (Marktforschungsstudien unter Jugendlichen und jungen Erwachsenen), der die folgenden Jahre gute Umsätze brachte.

Abgesehen davon, sehe ich heute meine damalige Krisenzeit auch als Ressource. Als innere Stärkung kann ich sie mir gedanklich immer wieder herholen, um mich zu erinnern, wo und wie ich mich trotz allem gut geschlagen habe und was im Nachhinein alles Gutes daraus entstanden ist. Speziell in meinem Beruf als Coach spüre ich, wie mir diese Erfahrung auch ein zusätzliches Fingerspitzengefühl für Klienten erschließt, die selbst gerade eine herausfordernde Zeit durchmachen.

»Wenn du die Ziele deines Lebens erreichen willst, musst du mit dem Geist anfangen.«

Oprah Winfrey

Liebe Leserin, lieber Leser,

wir freuen uns sehr, dass Sie unser Selbstcoaching-Programm absolviert haben, und hoffen, dass Sie eine Menge neuer Erkenntnisse und Ideen für sich mitnehmen konnten! Vor allem wünschen wir Ihnen, dass Sie nun kraftvoll die nächsten Schritte gehen können.

Wenn Sie alle Aufgaben konsequent bearbeitet haben, bringen Sie Wesentliches dafür mit: Ein klar umrissenes Ziel, einen Überblick über Ihre persönlichen Ressourcen sowie die Kenntnis wichtiger Hebel, mit denen Sie positiven Einfluss auf Ihr Ziel nehmen und negativen verhindern können. Zudem haben Sie ein kompetentes virtuelles Unterstützerteam, das Sie jederzeit befragen können, kennen reale Unterstützer in Ihrem Umfeld und verfügen über Strategien, mit Widerstand und Kritik umzugehen. Sie haben außerdem einen konkreten Aktionsplan samt verbindlich terminiertem Überführungstag, an dem Sie mit den wesentlichen To-dos loslegen. Ein fester Termin in Ihrem Kalender sorgt dafür, dass Sie dieses Buch in den nächsten Monaten zuverlässig immer wieder in die Hand nehmen, damit Ihr Coaching präsent bleibt. Beste Voraussetzungen also, dass Sie Ihrem Ziel ab jetzt kontinuierlich immer näher kommen. Und es vielleicht schon bald erreicht haben werden.

Einen Stein ins Wasser werfen

Coaching in jeder Form ist eine Begegnung mit sich selbst, getragen vom Wunsch nach Veränderung. Was vielen dabei anfangs gar nicht bewusst ist: Eine solche Veränderung wirkt nicht nur bei jedem Einzelnen, sondern hat auch Auswirkungen auf das jeweilige System (oder Teile davon) – auf Partner, Kinder oder Eltern, auf Freunde und Bekannte, auf Kunden, Kollegen, Mitarbeiter oder Vorgesetzte. Kurz: auf diverse Menschen, mit denen Sie zu tun haben. Meist beginnt diese Veränderung im Kleinen und breitet sich weiter aus, wie Kreise im Wasser, nachdem Sie einen Stein hineingeworfen haben. Wenn Sie also mittels unseres Selbstcoaching-Programms in einen Veränderungsprozess gestartet sind, werden Sie über kurz oder lang vermutlich Reaktionen Ihres Umfelds bemerken. Das können überraschte Blicke sein, wenn Sie plötzlich eine bestimmte Sache ganz anders machen als bisher oder auf neue Weise agieren und reagieren. Das können interessierte Fragen oder Bemerkungen sein. Und schließlich kann es sogar zu Verhaltensänderungen bei Ihren Mitmenschen kommen – die direkt oder indirekt durch Sie angestoßen wurden.
Denn wenn wir uns ein Stück verändern, kann auch unser Umfeld nicht mehr genau so agieren wie zuvor.

Kleiner Anlass, große Wirkung

Stellen Sie sich vor, Sie sind jahrelang morgens in Ihr Büro gekommen, haben kurz in die Runde genickt und sich dann gleich Ihrer Arbeit zugewandt. Und nun kommen Sie rein, begrüßen Ihre Kollegen mit Namen und fragen den einen oder anderen, wie es ihm geht oder wie das Wochenende war. Was glauben Sie, was eine solche – scheinbar kleine – Veränderung in Ihrem Verhalten bei den anderen für Auswirkungen haben wird, wenn Sie das ab jetzt regelmäßig tun! Ihre Kollegen werden vielleicht zuerst irritiert sein. Dann werden sie sich womöglich freuen. Als Nächstes – wer weiß? – greifen sie Ihren neuen Stil womöglich auf und kommunizieren ihrerseits lebendiger – was wiederum weitere Personen im Umfeld animiert, sich ebenfalls mehr Zeit zu nehmen für positiven Austausch und bewusste Kommunikation. Bald herrscht eine ganz andere Stimmung in Ihrer Abteilung. Und Sie sind Ihrem Ziel »Ich fühle mich wohl an meinem Arbeitsplatz« noch näher gekommen. Und haben darüber hinaus bei anderen etwas Positives bewirkt.

Diese indirekte Wirkung von Coaching kann ungeahnte Kreise ziehen. Etwa, wenn sich die Schlüsselperson eines großen Systems (zum Beispiel eines Unternehmens) zum Thema Wertschätzung coachen lässt – und im Anschluss daran tatsächlich spürbar wertschätzender kommuniziert und handelt. Und damit langsam, aber sicher eine andere Kultur des gegenseitigen Umgangs prägt.

Vor diesem Hintergrund kann eine mögliche Folgereaktion Ihres Coachings sein, dass sich auch die »Großwetterlage« innerhalb Ihres Systems ein Stück zum Besseren wandelt, wie das Beispiel mit dem morgendlichen Grüßen demonstriert.

Die positive Erfahrung teilen

Und warten Sie mal ab: Vielleicht werden Sie sogar zum heimlichen Vorbild für manche Menschen, die sich durch Ihre sichtbare Veränderung zu eigenen Entwicklungsschritten ermutigt fühlen!

Auch deshalb würden wir uns freuen, wenn Sie unser Buch weiterempfehlen, sobald Sie das Gefühl haben, jemand aus Ihrem Umfeld könnte davon profitieren. Oder schenken Sie es doch einfach einem Menschen, der Ihnen wichtig ist! Zum Geburtstag, zum gerade bestandenen Schul- oder Hochschulabschluss, in einer beruflichen Orientierungsphase, nach einer Trennung oder in einer anderen Umbruchsituation – es gibt unendlich viele Anlässe, bei denen ein Selbstcoaching helfen und unterstützen kann (wobei Sie ja mit gutem Beispiel vorangegangen sind und gewissermaßen »aus eigener Erfahrung« schenken).

Der erweiterte Gedanke von Coaching ist also, durch positive Veränderungen beim Einzelnen im Idealfall positive Veränderungen im System zu erreichen. Und auch dann muss noch nicht Schluss sein. Denn jedes System ist ja wiederum Teil eines Metasystems. Damit können die jeweiligen Veränderungen noch mal deutlich weitere Kreise ziehen.

Niemand ist eine Insel

Fazit: Es kann also durchaus sein, dass – wenn Sie in Form Ihres Coachings gut für sich sorgen – auch andere davon profitieren.

Das heißt allerdings nicht, dass wir uns ab sofort alle nur noch ums eigene Wohlergehen kümmern sollen, in der Annahme, dass wir damit ja auch anderen was Gutes tun. Es bedeutet, aktiv auf diese anderen Menschen zu blicken und darauf zu achten, wie es ihnen geht. Und gegebenenfalls zu überlegen, was wir zur

Verbesserung ihrer Situation beitragen können. Zu Recht wird der Trend zur »blinden« Selbstoptimierung kritisiert, der in unserer Gesellschaft weitverbreitet ist. Es kann nicht nur darum gehen, ob es mir gut geht, ob ich mich wohlfühle, in meiner Mitte bin oder genügend Karma-Punkte gesammelt habe – es sollte in unserem Denken und Handeln, unserer humanistischen Grundüberzeugung entsprechend, immer auch um das Wohl unserer Mitmenschen gehen.

Als Teil von Systemen – und das sind wir ausnahmslos alle – haben wir eben auch eine gewisse Verantwortung für das Ganze. Ebenso wichtig wie die Frage »Geht's mir gut?« ist daher die Frage »Geht's uns zusammen gut?«. Denn »niemand ist eine Insel«, wie Bestsellerautor Johannes Mario Simmel schon 1975 wusste (der Titel seines
Romans geht allerdings noch weiter zurück: auf John Donne, einen englischen Dichter des 17. Jahrhunderts). Niemand kann ohne den anderen existieren, wir sind aufeinander angewiesen. Bloßes Auf-sich-selbst-Starren, ständiges Kreisen um die eigenen Befindlichkeiten oder gar rücksichtsloses Vordrängeln unter Einsatz der Ellbogen mögen kurzfristig Vorteile sichern, machen aber auf Dauer nicht glücklich. Deshalb

sind für uns Seminar- und Beratungsangebote à la »Warum Sie Egoist sein müssen, um erfolgreich zu sein« oder »Wer sich durchsetzt, darf nicht nett sein« zweifelhafte Erfolgsversprechen, an die wir nicht glauben.

Hingegen gelingt durch ein Coaching idealerweise etwas anderes, als Ego-Shooter zum (vermeintlichen) Erfolg zu peitschen: den Einzelnen zu stärken, ihn zu ermutigen, sich als Teil des Ganzen wahrzunehmen, sich über Wechselwirkungen zwischen ihm und seinem System bewusst zu werden und diesen Wirkmechanismus für positive Veränderungen zu nutzen.

Wir freuen uns, wenn auch Sie künftig dazu beitragen, den Coachinggedanken, wie wir ihn mit diesem Buch vermitteln wollen, in die Welt hinauszutragen. Denn wir sind sicher: Je mehr Menschen beginnen, sich wertschätzend für ihr Inneres zu interessieren, sich persönlich weiterzuentwickeln und zu wachsen, sich auf konstruktive Weise selbst zu hinterfragen und sinnvolle und positive Veränderungen bei sich und anderen anzustoßen, desto lebenswerter und liebenswerter wird diese Welt werden.

Alles Gute für Ihr persönliches Vorhaben, viel Glück und Erfolg!
Mit herzlichen Grüßen,

Amelie Fried
Michael Simperl

Wer steht hinter diesem Selbstcoaching-Programm?

Entwickelt haben die Idee des »7-Tage Selbstcoachings« wir beide, Amelie Fried und Michael Simperl aus München.

Amelie Fried

kennen Sie vielleicht als Fernsehmoderatorin und Autorin von höchst erfolgreichen Romanen und Kinderbüchern. Darüber hinaus hat sie Ausbildungen in Mediation und systemischem Coaching absolviert und ist vom Deutschen Verband für Coaching und Training (dvct) zertifiziert sowie vom Bundesverband Mediation (BM) lizenziert.

Mehr über Amelie Fried erfahren Sie unter www.ameliefried-coaching.de und www.ameliefried.de.

Michael Simperl

war viele Jahre Unternehmer und Führungskraft mit eigener Firma. Als ausgebildeter Systemischer Business Coach ist er vom Deutschen Verband für Coaching und Training (dvct) zertifiziert. Auf dieser Grundlage begleitet er als Coach seit 2009 Führungskräfte, Unternehmerinnen und Unternehmer sowie generell Menschen, die etwas bewegen möchten, bei anspruchsvollen Aufgaben und Veränderungswünschen sowie beim Erreichen herausfordernder Ziele.

Mehr über Michael Simperl erfahren Sie unter www.michael-simperl.de.

Ergebnisse und Aktionsplan

MEIN ZIEL

Zur Erläuterung:

ZIELSATZ
Ihr Zielsatz drückt in wenigen Worten klar aus, was Sie generell erreichen wollen.

ZIELSKALA
Die Zielskala präzisiert Ihr Ziel zusätzlich – indem sie zum einen zeigt, wo Sie mit Ihrem Ziel derzeit stehen (Ist-Wert), zum anderen, wie »weit« genau Sie Ihr Ziel erreichen wollen, sprich wie viel Zielerreichung für Sie ein guter Erfolg wäre (was Ihnen die Freiheit gibt, Ihre Erfolgsschwelle auch bewusst unterhalb des Höchstwerts zu setzen – weil sich manche Menschen damit wohler fühlen). Den jeweiligen Skalenwert wählen Sie aus einer Zahl zwischen 0 und 10
(0 = Ziel steht noch völlig am Anfang, 10 = Ziel ist maximal erreicht/mehr geht nicht).

Bitte tragen Sie zuerst Ihren Zielsatz in seiner finalen Version ein.

MEINE ZIELSKALA

IST-WERT UND GEWÜNSCHTER ZIEL-WERT

Bitte markieren Sie im Anschluss auf der Skala folgende Punkte:

1. Wo Sie aktuell mit Ihrem Ziel stehen (bitte heutiges Datum darunterschreiben)

1	2	3	4	5	6	7	8	9	10

Datum:

....

2. Welcher Skalenstrich für Sie einen guten Zielwert darstellt (bitte darunterschreiben, wann Sie diesen Wert erreicht haben wollen – entweder als konkretes Datum,
als Monat und Jahr oder nur als Jahr)

1	2	3	4	5	6	7	8	9	10

Monat/Jahr:

....

MEIN UNTERSTÜTZERTEAM

MEINE RESSOURCEN

a) MENSCHEN

----

b) KENNTNISSE UND ERFAHRUNGEN

----

c) PERSÖNLICHE STÄRKEN

MEIN INNERES TEAM

MEINE NEGATIV-HEBEL

Was ich – rein theoretisch – tun kann,
das mich von meinem Ziel entfernt

MEINE POSITIV-HEBEL

Wie ich aktiv dazu beitragen kann,
mein Ziel zu erreichen

WESENTLICHE ERKENNTNISSE

Generell Hilfreiches und Wertvolles, das mir bewusst geworden ist
im Rahmen meines Selbstcoachings

AKTIONSPLAN

Was nach abgeschlossenem Selbstcoaching
konkret für mich zu tun ist

IDEENSPEICHER

Sonstige Ideen, die mir im Rahmen
meines Selbstcoachings gekommen sind:

IDEEN FÜR ANLIEGEN UND THEMEN FÜR WEITERE SELBSTCOACHINGS